タピストリーを視る ―その歴史と未来―

History and Future of Tapestry

朝倉美津子
Mitsuko ASAKURA

東方出版

History and Future of Tapestry

Mitsuko ASAKURA

タピストリーを視る
―その歴史と未来―

【目次】

プロローグ

タピストリーの歴史

「タピストリーって何?」と、人から訊ねられることが多い。「一言では表しにくいなぁ」と内心思いながらも、「もともとは綴れ織り壁掛けの意味です」と公式的に答えると、意外に相手の方は納得してくださる。でも、なんとなく自分自身は釈然としないことが多かった。タピストリーが抱えている歴史の重みと文化の特徴を一言で伝えるなど、とても不可能だという気がしてしまう。

私がタピストリーの創作を始めた一九六〇年代末ごろには、英語で言う「タピストリー」なる言葉はまだ珍しくて、ほとんど知られていなかった。この三十年余りで、タピストリー(フランス語では「タピスリー」)はよく耳にするようになった。

さらに、織りの技法を使っていないもの(プリントなど)や、糸以外の素材を使ったもの、壁掛け状ではない作品に対しても、「タピストリー」の呼び名が広く使われるまでになってきた。そのくらい、日常的なものとして「タピストリー」という言葉も、タピストリーそのものも、身近なものになった。

ここであらためて、タピストリーという言葉の厳密な意味を求めるべく、辞書を繰ってみる。アメリカの辞書、アメリカン・ヘリテージ辞典には、「多くは色とりどりのデザインや風景が織り込まれた、分厚く重たい織り布で、通常は壁に掛ける装飾のため使われる。まれに家具をカバーするのにも使われる」とある。また語源の欄には、フランス語の「タピセ」（絨毯で被うという意味）から来ていると書かれている。この「タピセ」は「タピ」（絨毯の意）から来ていて、これはギリシャ語から来ているが、おそらくはイラン起源の語であろうと記載されている。

フランスの辞書、ロベール辞典には、タピスリーとは手機で織られた織物の芸術作品で、デザインをもとに織って作られ、壁掛け用に仕立てられるもの、とある。絨毯のことを通常英語では「カーペット」というが、フランスでは今でも「タピ」と言われる。

そういえば、イタリア語ではタピストリーのことを「アラッツォ」と言っていて、タピストリーやタピスリーというのと全然似ていない。これは、中世タピストリーの中心地であった北フランスの「アラス」の地名にちなんでのことだ。

ヨーロッパの言葉には歴史的な起源とのつながりを見て取ることができる。いかにタピストリーの文化が生活に密着してきたかを、あらためて感じさせられる。


長い歴史を持つタピストリー。日本では、建築も生活様式もヨーロッパとは著しく異なっていることから、元来住居にタピストリーを必要としてはこなかったが、生活様式の近代化とともに高層や洋風建築が多くなるに伴って、日本でも急速に建築の中にタピストリーが取り入れられるようになってきた。

でもやはり私たち現代日本人は、ヨーロッパ風のタピストリーを視ることにまだ慣れていない。ヨーロッパで中世からルネッサンスにかけて隆盛を極めた絵画的なタピストリーには、日本人の関心はどちらかといえば薄いし、なじみもない。私自身、二十代の時にかの地で古いタピストリーに接した時は、やはり馴染めないものを感じた。

日本染織文化の中心地である京都中京に生まれ育った私は、一九六〇年代から現代タピストリーを志向し創作してきたが、ちょうど私が創作活動を始めた時は、おりしもヨーロッパでモダン・タピストリーの運動が盛り上がっていて、その刺激が京都にも伝わってきはじめた頃だった。

私は現代タピストリーの創作に携わらせていただく境遇に在ったので、西洋の古典的なタピストリーにもなるべく多く接することに努めてきた。各地でいろんな年代のタピストリーを視ていくうちに、それぞれに時代の背景や文化が色濃く表れていることがわかってきた。

この本では、現代タピストリーを作り続けてきた私自身の目を通して、歴史的な話をまじえながら、古今東西の様々な魅力あるタピストリーを紐解いてみたい。

第一部「**タピストリーの歴史**」では、タピストリーの本場ヨーロッパの伝統とはどういうものなのか、その生い立ちをたどることにしよう。

タピストリーの伝統はいったいいかなる所から始まったのか。いつどのようにしてあんなに素晴らしい域にまで達したのか。なぜ一転して絵画の陰にうずもれてしまったのか。美術史的な重要性に反して、この謎について触れる美術史家を、私はあまり見かけたことがない。でもタピストリーを理解するためには、この興亡の歴史を見過ごすわけにはいかない。

歴史と同時に、本書では図版を多用して、タピストリーの魅力に存分に浸りたい。西洋のタピストリーの図柄を見るのには、当時のヨーロッパ人がそうしたように、一冊の本を読むかのように図柄を読み解くのを楽しむ、というスタンスで臨むのがいいと思う。ちょうど絵巻物を見るのと同じだ。ヨーロッパ中世のタピストリーに関しては、そのような絵解きの楽しさを味わっていただけたら幸いだ。


第二部「**日本文化とタピストリー**」では、日本人がどのように本場西洋のタピストリーを生活に取り込んできたのかを、祇園祭を中心に考えてみたい。日本にはタピストリーの文化はないとはいうものの、実のところ、昔から日本人は西洋のタピストリーを楽しんできたのだ。ヨーロッパで最も独自性豊かなタピストリー芸術が創り出されたのは、十四世紀ごろから十六世紀ごろにかけてだったが、その頃にはもう世界は一つに結ばれていた。交易伝播によって、西洋のタピストリーは日本にもたらされ、祭事などの行事に活用されていた。

日本の祭では、世界中から伝来された織物のきらめきが、華やかさを際立たせる。京都の祇園祭では、西洋のタピストリーがふんだんに使われている。ヨーロッパで室内の壁面を覆うことに使われたタピストリーが、日本では山鉾の胴掛として、ちょうど山鉾という建造物を覆うものとして使われてきた。

第三部「**現代のタピストリー**」では、同時代のことであり主観的な見方になるかもしれないが、現代のタピストリーについて私の出会った作品をもとに回顧してみよう。

十九世紀には近代ヨーロッパ社会の中で色褪せたものになってしまっていたタピストリーは、イギリスのウィリアム・モリスやドイツのバウハウス運動によって復興され見直された。その上、フランスのジャン・リュルサなどの活動などがあいまって、二十世紀半ばにモダン・タピストリーの運動が勃興した。

一九七〇年前後にはタピストリーが現代美術として世界的に大流行した。強烈な熱気に溢れた時期は長くは続かなかったとはいえ、核となる点は一過性のものではないだろう。モダン・タピストリーは今でも生きて動き続けているものだから、未来へ向けての展望を開きたいという希望のもとに、考察してみようと思う。

糸と糸が出会い、重なり、また新たな色を織りなすタピストリー。絵画中心の美術史観では従来あまり見えてこなかったが、ヨーロッパの歴史のなかでタピストリーは堂々とした位置を占めている。私には、タピストリーのなかに西洋の文化の真髄が如実に表れているような気さえするが、どうであろうか。

第一部　タピストリーの歴史

1 はじまり

西洋タピストリーの前提

織物は、宝石のようには残らない。

古い時代のタピストリーがいったいどうなっていたのかについては、よくわかっていない。それ以上に、タピストリーとその他の織物の区別などについては、時代をさかのぼればさかのぼるほど、あやふやになる。

紀元前三〇〇〇年頃に世界最古の都市国家を築いて、くさび形文字をつくりだしたシュメール人は、すばらしいタピストリーも創作していた。メソポタミア地域のタピストリーについては、古代の著述家などがさまざまな記述によって伝えている。

タピストリーはギリシャ神話のなかにも登場している。女神アテーナーとアラクネーはタピストリーを織ることを競い合ったと伝えられている。古代ギリシャ人も愛用していたことがわかる。

ローマ帝国の貴族達もタピストリーを重要視し、それをバビロン、エジプト、ペルシャなどから輸入した。その頃すでに我々が今使っているのと、まったく同じ機織り技法が使われていたと考えられている。

タピストリーは、建造物の壁を飾ることで部屋の保温性を良くし、精神的な温もりをも与えてくれる。壁に掛けて四方を囲めば、たちまち快適な自分の住居や部屋をつくれるだけでなく、防寒、防湿、防音効果ももたらす。それればかりか、くるっと巻いて簡単に持ち運べるので、遊牧民達のポータブルな住まいとしても恰好のものだった。移動生活にとても便利な家具であったのだ。古代社会の諸民族間で、たびたび繰り返された激しい侵入や民族移動の時代には、タピストリーは生活の必需品だった。

とはいっても、残念ながらそういう古いタピストリーが残っているわけではない。今でも存在しているのは、エジプトの初期キリスト教時代の墳墓で数限りなく発見されている織物の断片であり、それらは通常「コプト」と呼ばれる。

以前は、西洋のどの美術史の書物をみても、タピストリーの歴史はコプトから始まったと書かれてあった。その織り技術が十字軍などによって西洋にもたらされ発展を遂げたと解釈されていた。これはあるいはヨーロッパ中心の視点かもしれない。

ヨーロッパの中世のタピストリーを典型として考えた場合、その前史としてコプトを持ってくるのはたしかに理にかなう。キリスト教的な人物像などのモチーフが多いコプトは、中世ヨーロッパのタピストリーのモチーフ（具象、絵画的装飾織物）と相通じるところがある。

しかし他のさまざまな世界の織物を民俗美術として正統なタピストリーの歴史から外し、コプトだけをタピストリーの起源とするのは、現代のタピストリーの概念から考えると、本当はふさわしくないだろう。実際に、アメリカなどで最近出版されているタピストリーの歴史書では、改め始められているのを見かけることがある。


現代タピストリー作家としての私は、西洋タピストリーとは異なるその他の世界の織物に、時として惹かれる。それは、高度に抽象化された表現の織物というだけではなくて、手織りの特徴と技術がより活かされ、色と組織の特質で魅せるからだ。そこには、織物として健康的な魅力がある。

思うに、タピストリーの最大の特徴のひとつと言われている「綴れ織り」の技法にしても、平織りのちょっとした変化形でしかない。平織りは織りの最も基本的な組織であり、綴れ織りは平織りのなかに含まれる。糸を使って絵のような感覚でなんらかの文様を織りだそうとするならば、織りをする人なら誰でもごく自然にこの技法に辿り着くだろう。綴れ織りのタピストリーは、絵を描くのと同じように、どこの地域からも自然発生的に生まれたものと思われる。

アンデスの織物
プレ-インカ（上下とも）
ドイツ織物博物館所蔵

エルミタージュ美術館・コプト室にて

現存する最古の織物

今日、コプト織りの膨大なコレクションは、世界中、数多くの美術館に収蔵されている。

ある文献に、ロシア、サンクト・ペテルブルクのエルミタージュ美術館には、現存している世界最古の方形装飾としてのコプトのタピストリーがあると書かれていた。その写真を探してみたが、どうにも見つからなかった。そこで美術館に問い合わせてみたがよくわからないとのことだった。私はそれを一目見たくて、サンクト・ペテルブルクにまで足を伸ばした。

エルミタージュ美術館のコプト部門学芸室で、学芸員の方といろいろとコレクションを探してみたのだが、どうしても目当てのものを見つけることができなかった。そんななか、「世界最古の織物ならば原始時代コレクションにあるよ」と言われ、連れていってもらった。

幾部屋も通過し、まだかと思ったその矢先、ようやく着いた薄暗いその部屋には、コプトではないが、織物が掛けられていた。それは部屋に入った瞬間に私の目に飛び込んできた。時を経て深みをもち、どこか威厳を放つその姿に感動した。

「パジルク・カーペット」（部分）

その織物はパジルク・カーペットと呼ばれる二メーター四方ほどの絨毯である。アルタイ初期遊牧民族文化で有名なパジルク墳墓群（紀元前五または四世紀）の墓のなかから、ミイラや飾りのついたフェルト製の敷物、小さな太鼓などと共に見つかったものだ。

石積みの下で永久に凍っている状態の土中に埋まっていたために、これら太古の腐食しやすい素材が多々残っていたらしい。その点でもとても価値あるものだ。イランまたは中央アジアからアルタイ山脈に持ち込まれた品とされる。

一目見た時、私はまず色のもつ底知れない力に引き込まれた。深い赤色が主調色で青色や緑色、明るい黄色、橙色などが使われているのだが、そんなに長い年月に打ち勝ってなお見事に生き続ける偉大な力というものを感じざるを得ない。

近寄ってみると細かな文様が見られた。カーペットの中央の部分を囲んで複雑なボーダー（縁取り・縁飾り）が施され、同じ絵柄が何回も繰り返し描かれている。中央部分の図柄は四方放射状星のように広がる図で、中心に小さい四角があり、四つ花が十字に交わる文様が長方形の枠で囲まれている。この四角い装飾図柄が垂直方向に六つ、水平方向に四つ各々並んで、合計二十四個が配置されている。

その外側には、羽を持ち上げ頭を後ろへ向けたグリフィン（ワシの頭・翼とライオンの胴体とをもち黄金の宝を守る怪獣）がいて、たくさんの斑点のある鹿が並んで取り囲んでいる。さらにその外側は十字に交差した花の星形装飾模様から成っている。その外側の幅の広いボーダーには馬に乗った人物が、鹿とは反対方向を向いて繰り返し配置されている。

コプト以前、紀元前にこれほど精密で細かくはっきりした描写で、多色の言い知れなく綺麗な織物があったのだ。しかも今なお鮮明に残っている。

織物が宝石にも匹敵するほどよくその姿を留めたのは、驚きとしか言いようがない。

エルミタージュ美術館・ラファエロの回廊にて

「現存する最古の織物」パジルク・カーペット　紀元前5-4世紀　エルミタージュ美術館所蔵

コプト

　メソポタミアと並んで世界で最も古く文明がおこったエジプトでは、紀元前三〇〇〇年頃には、川の流域を連合して統一国家がつくられた。約三十の王朝が交替しながら、約二千六百年にわたって、長い間王朝国家が保たれ続けた。

円形文様のコプト　ドイツ織物博物館所蔵

　その間、ギリシャ帝国や、ローマ帝国、更にはササン朝ペルシャや、イスラム教などの諸々の文化の影響を受け、その都度、質の高い芸術を生みだして来た。そのなかでコプト織りとは、この地域がキリスト教だった時代、エジプトの初期キリスト教徒であるコプト人達により制作された、ウールの色糸で文様を形づくった織物のことだ。コプト織りの最盛期は五世紀から七世紀頃と言われる。

初期コプトの色彩は、貝紫で染めた赤紫色や黒ずんだ茶色が多い。文様は、裸形の人物図や舞踏図など、ギリシャ神話を題材にしたものが主流だった。その後、黄色や緑色、また藍色などを加えて徐々に色数が増えていき、多くのきらめく色彩を盛り込んだ華麗な配色の織りへ変遷する。その後、キリスト教を題材とした十字架や、また鳩や魚などの象徴的動物など、聖書から取った文様が多くなっていく。エジプトがイスラム文化圏に入ってからは、文様が幾何学的になり、次第にコプト時代の終わりへと向かっていった。

人物文様のコプト　ドイツ織物博物館所蔵

コプト　エルミタージュ美術館所蔵

全般的に言って、コプトの図柄は、奔放で屈託のない、楽しい構成がなされていることが多い。織物ならではと思わせるような、何ともいえない底力のある生き生きとした表現に、その独特の魅力がある。

技法は綴れ織りだが、コプト織物は壁面装飾には限らない。素材としては亜麻の経糸に美しく色染めされた羊毛の緯糸で織られたものが多く、大麻や後には絹も使った。コプトでは最盛期以降も亜麻糸が主に使われていたが、それ以外の地域の早期の文化では織物に羊毛が用いられ、時には光沢を与えるために絹が使われた。

もともと中国の特産品である絹

コプト　ドイツ織物博物館所蔵

が、西方でも使われるようになったのには、ちょっとした小話がある。絹の生産は中国によって厳重にガードされていたのだが、六世紀に二人のペルシャの僧が蚕の卵をこっそりとイスタンブールに持ち帰ったことによって絹が西方に広まったと言われる。

一般に、繊維素材は腐食しやすいので、土に埋もれている大昔の織物は、奇跡的に条件が整わないかぎりは、残らない。コプトは、エジプトの乾燥した風土が幸いしたようで、墳墓のなかで、多くの遺品とともに色あせることさえなく実に鮮やかによく残されている。

十字軍とコプト

もともと日本には、西洋に見られるようなタピストリーの文化はなかった。織物というならば、日本には美しい着物に代表されるような素晴らしい伝統があるけれども、建築やさまざまな生活様式において、タピストリーの普及した西アジアやヨーロッパとは大きく異なった文化を持っている。私が創作活動を始めた頃は、タピストリーの文化は未知の領域とさえいえるものだった。

冬に外を歩けば吹き飛ばされそうになるくらい気候が厳しいヨーロッパでは、タピストリーはまず寒さよけとしての意味を持っていた。家のなかに寒いすき間風が入ってこないように、タピストリーは家具としての必需品だった。つまり戸に掛けたのである。現在のように壁に掛けるよりも、むしろ窓や戸などを覆うように掛けて、暖を取った。

壁を飾るためのもの、と思い込んでいる私達の感覚からすると、意外な感じがするけれど、実際にベルギー在住の友人のところに遊びに行った時も、代々その家に伝わるタピストリーを見せながら、「これはずっとうちの戸に寒さよけとして掛けられていたもの」と言いきったのを思いだす。彼らにとっては、実に身近なものとして使われていたのだ。

八～十二世紀の文献には、すでに西ヨーロッパ、フランスとドイツのライン川西部地方（ラインラント）には、タピストリーの工房があったと記されている。ヨーロッパでタピストリーが盛んになるきっかけとなったのは十二世紀の十字軍遠征であると言われているが、それ以前のヨーロッパのタピストリーがどのようなものであったのかは歴史的にあまり定かでない。特に人物などの具体的で細かい文様の織物などは、綴れ織りの技法での表現ではなくて、刺繍が主流だった。例えばノルマンディ公ウィリアムがイングランドを征服した様子を絵巻物風に刺繍した「バイユーのタピストリー」と呼ばれるもの（十一世紀末）がある。

　コプト織物に見られるような、我々を魅了する織り表現は、十字軍兵士達の胸をも打ったに違いない。彼らはそれらを大量にヨーロッパへ持ち帰った。このことがきっかけとなってコプトのような高い魅力を持つ織物がヨーロッパへと伝達され、素晴らしいタピストリーが西ヨーロッパにも広く浸透していった。

コプト　ドイツ織物博物館所蔵

ヨーロッパで最初に本格的なタピストリーがつくられたのはいつ頃だろう?　現存する最古のタピストリーなどから推定して、おそらく十字軍遠征よりは少し前頃ではないかと思われる。それはドイツのライン川西部地方や東部ザクセン地方でつくられたと考えられている。

現存するヨーロッパ最古の織物のタピストリーと思われるのは、ドイツ・ケルンの聖ゲレオン教会に掛けられていたとされるものである。現在この作品は三つに切り分けられたかたちで残っており、それぞれドイツのニュールンベルク国立美術館、イギリスのヴィクトリア&アルバート美術館、そしてフランスのリヨン織物美術館の三か所に保存されている。

このタピストリーは十一世紀頃ケルンの工房で制作されたと推測されている。文様パターンや雰囲気は、東方ビザンチン様式の絹織物の軽くて薄い感じに似ている。そのあまりにオリエンタルな雰囲気に、実際には東方で織られたのではないかという疑問が起きてくる。ただ、模様細部の不器用さや、色彩の特徴から、それがドイツ製であるとわかるらしい。

写真はリヨン織物美術館に保存されているものだ。胴体がライオンで鷲の頭と翼をもつ想像上の怪獣グリフィンが、人間の顔をした牡牛を摑んでいる丸模様を中心にしている。周縁はビザンチンのテキスタイルでよく見られるハートの形をした花輪模様で囲まれている。ライオンの顔の丸模様がそれに

ケルンの聖ゲレオン教会のタピストリー（断片）　11世紀　リヨン織物美術館所蔵　写真：バッセスタジオ

接するように連なっている。この装飾模様は非常に古くからあり、紀元前三五〇〇年頃の初期シュメール美術のなかにすでに見られる。

素材は毛糸と亜麻糸であり、白地に赤と青（または緑？）を主調色にして、七色で織られている。まだ非常に素朴で乱雑とも言える荒削りな織りかたによって、モザイク様に色の斑点が並べられている。連続する丸模様の形もまだ不器用でガタガタになっている。しかし、この作品も、変色する前はおそらく強くて鮮やかな色彩であったことだろう。教会の装飾物として当時の人々の目にはどのように映ったのだろうか。

2 中世のヨーロッパ

初期のタピストリー

現存する中世のタピストリーは、主に教会や修道院を飾っていた。教会や修道院は保存条件が良いので、所有されていたもののいくつかが現在にまで残ることができたのだろう。教会には保有記録もよく残っている。教会以外の場所では、十四世紀より前の時代にどのような作品がつくられ所有されていたのかを、記録によって探ることはとても難しい。

十二世紀や十三世紀のヨーロッパでは、機に張る経糸にも織っていく緯糸にも羊毛が使われていた。今に至るまで緯糸の素材は羊毛がメインだ。以後はヨーロッパでも、緯糸によって完全に隠れてしまう経糸には、違う素材も使われる。

北フランスのアラス地方の場合、羊毛の織物業が早くから盛んで、十三世紀には広く毛織物の国際貿易を行っていた。しかし羊毛織物業が徐々に他の北部都市でも発展していったことで、独占的だった取引が衰退していくことになった。その危機を打開する方策として、贅沢品産業に乗りだし、タピストリーをつくりだして成功した、という歴史がある。

タピストリーをつくる織物工房は、初めは修道院の付属施設だった。次第に世俗の工房が誕生していった。十三世紀にはタピストリーを織る竪機の職人組合があって、当時のパリの織り職人は十人ほどだったと記録されている。

十四世紀になると、タピストリーは大領主達に愛好された。季節が変わるごとに、狩りや戦いのある度ごとに、王宮が城から城へと移動し、それに合わせてタピストリーが巻かれて運ばれ、行く先々でほどかれて壁に掛けられた。タピストリーは即座にその人好みのスペースをつくってくれる。親しみやすくて住み心地の良い生活環境がタピストリーによって生まれるのだ。

十三～十四世紀のタピストリーは、一般的に紋章文様の単純な繰り返しや、木の葉や植物文様などの繰り返しによる図柄が大半であった。紋章をモチーフとしたタピストリーは、注文主の家系を誇らしげに示していて、中世のタピストリーの大きな特徴となっている。現在でもブランドの紋章を繰り返したデザインの革製品などが好まれるのと少し似ている。その上、このような繰り返しの文様は部屋に飾りやすく、文様の切れ目が目立たないので、部屋全体に使うことも可能だ。

現存する当時の作品は、織物の持つ特徴が素朴に正直に最大限生かされているものが多い。どちらかといえば簡素なのに、経糸と緯糸の交わりによる意匠の不自由さが、かえって表現に力強さを与え、織物の魅力を深めている。

筆者オランダにて　1978年

オランダ・アムステルダム国立美術館で、素直なパターンの繰り返されたタピストリーを目にした。アール・ヌーヴォーかと見まがう新鮮さを感じた。ライオンや馬が旗のようなものを身に纏っていて、この旗やバラの花のなかには貴族のギヨーム・ロジェ・ド・ボーフォールの紋章が表されている。このライオンや馬を中心にして、城壁や天使がそれを囲んでおり、バラや雁などと共に図案化されている。大胆に単純化されて、織りの組織にかなうように考慮され、それによって独特の可愛さを持ったデザインになっている。

この作品は、館内に数多く陳列された叙事的で豪華なタピストリーのなかにあって、素朴でありながらどういうわけか深く印象に残る。

部分

紋章の文様が繰り返された14世紀のタピストリー　アムステルダム国立美術館所蔵

初期からの変化と発展

　十三世紀後半から、徐々にさまざまな題材が取り上げられるようになった。ヨーロッパの歴史などもモチーフにされて、タピストリーはめざましく発達していった。

　パリを中心に、教会や王侯貴族など富裕なパトロンを注文主として、盛んにタピストリーがつくられた。それぞれのニーズ、掛けられる壁に合わせてタピストリーが要求されるようになった。現存しているアンティークのタピストリーの縦横の寸法が一律ではなく、まちまちであるのはそのためなのだ。同じ図柄でいろいろな寸法のタピストリーがいくつも織られることもあった。

　しばしば、戦争による移転や略奪などで、タピストリーの所有者が変わることがあった。こういうことがあると、タピストリーの保存という観点からすると、かなりのダメージとなる。ただでさえ、デリケートで傷みやすい繊維素材なのに加え、新しい持ち主の壁に寸法を合わせてあっさりと裁断されてしまうこともあり、いとも無残に失われてしまうことも多かった。

　そういうわけで、残念なことに当時のタピストリーの大部分は損耗するか

「神殿への奉献」(部分)

消失してしまって、もはやほとんど存在していない。人々の争いによって、このような素晴らしい芸術が残され得なかったということは、まことに不幸である。十三世紀から十四世紀のヨーロッパのタピストリーで今でも残っている作品は、わずか数点だけだ。

記録により、十四世紀後半のパリの工房には、優れた織り職人が三十人余りいたことがわかっている。この時期の最も有名なタピストリーとされる「アンジェの黙示録」の制作者、ニコラ・バタイユもその一人だ。彼は、多種にわたる約二百五十ものタピストリーを手掛けたと言われる。

ここに写真を挙げる「神殿への奉献」は、バタイユの工房によって一三七九年頃につくられた。聖母マリアがイエスをシメオンの祭壇上に立たせ、神殿へ差し上げている。聖母マリアの後ろにはヨセフと召使が

いる。下部には天使の翼の一部が見えていることなどから、高い場所に設置されていた大きなタピストリーの最上部の断片だったことがわかる。

いずれの人物も、その姿は柔らかく洗練されている。衣装にはゴシックのスタイルに特有のゆったりとした折り目が見られる。背景にはブドウの枝の文様が散りばめられ、空は文様化された小さな雲によって示されている。優雅さと抑制のきいた情緒が全体から醸しだされていて、当時の魂を込めた表現が今に伝わる貴重なタピストリーだ。現在、ベルギーのブリュッセル王立歴史美術館に所蔵されている。

ニコラ・バタイユ「神殿への奉献」 1379年頃　ブリュッセル王立歴史美術館

ヨーロッパ・タピストリーの開花

タピストリー美術が、本格的にヨーロッパで注目されだしたのは、十四世紀後半からだ。歴史的な題材を扱った壁掛けが、パリ周辺で大量につくられた。

単純な紋章と植物文様などの繰り返しだけでなく、旧約・新約聖書に著されている情景や、古代神話、騎士物語、英雄伝、宮廷恋愛ロマンなどの文学から広く題材が取られた。ストーリーを盛り込むために、一つのテーマをいくつかのエピソードに分けて連作にして表現することも行われるようになった。加えて、世俗生活の日常の情景など、さまざまな主題がモチーフになっていった。織り手自身がかなり自由な創意工夫を加えて織物を仕上げている様子が楽しく伝わってくる。

制作は、多くの織り手が係わっても一点につき二、三年がかりになる。多くの手間と時間がかかるため、随分と高価なものであり、非常に大切に扱われた。保有することができるのは、教会や、裕福な王侯貴族だけであった。

シャルル五世の統治期（一三六四〜八〇年）には、高価なタピストリーが大量に注文された。多数の紋章のついているタピストリーや、百数十枚に及ぶ大きなタピストリーの所有など、その数の多さには驚嘆させられる。続くシャルル六世（一三八〇～一四二二年）も同様に、好んで豪華なタピストリーを買い入れ、秀作を多数所有していた。

シャルル5世統治期の代表作「アンジェの黙示録」黙示録21章の一場面
アンジェ城内美術館所蔵

「アンジェの黙示録」黙示録17章の一場面（部分）

アンジュ公、ベリー公、ブルゴーニュ公などもタピストリー芸術の庇護者となった。彼らは顧客として、どんどん注文をした。なかでもブルゴーニュ公は、フランドルの工房の発展を促した。彼は装飾美術に対しての絶大な理解者であり保護者だった。かくして贅沢品のタピストリーが、あたかも富と権力の象徴であるかのごとくに注文され、創作された。ヨーロッパのタピストリー美術はしだいに開花していく。

十四世紀後半、ヨーロッパのタピストリーの工房は、フランスの中央及び北部地方と、フランドル地方とに集中していた。当時はまだ、生産地に対するこだわりは無かったので、そのなかのどの工房でつくられたのかを分類する必要がなかった。制作工房はどこなのかはっきりわからないままのものも多い。

十四世紀以後の数世紀にわたって、パリ、アラス（以上フランス）、ブリュッセル、トゥールネ（以上ベルギー）が、その他のヨーロッパの広い地域のタピストリーの産地に対し、指導的な役割を果たし続けた。百五十～二百年ほど遅れてイタリアやスペイン、ドイツやイギリスなどの地域で織物工房が設立された時には、いつもフランスやフランドルの織り職人達に協力を求めたという。彼らはそれらの地域に出向いていって、新たな工房の設立に常に貢献したのである。

アンジェ城

アンジェの黙示録

フランスのロワール川ほとりに、見上げるほどの城壁に取り囲まれてそそりたつアンジェ城。重厚な城内へ入って行き、タピストリー「アンジェの黙示録」を見る。

大空間を飾るその壮大さに圧倒される。豊かな彩りに包み込まれるようで不思議な感覚におそわれる。よく見ると、登場人物や見たこともない動物が細かく躍動的に表現されていて、惹きつけられる。どんなストーリーなのか？　何のためにつくられ、どこに飾られていたのか？　なぜあんなに美しいものができたのか？　疑問が次々と矢継ぎ早に浮かぶ。

アンジェ城より市街を臨む

壁面に大作「アンジェの黙示録」が連なるアンジェ城内美術館

一連の作品は、高さが五メートル、幅が約百四十メートルにも達する、超大作である。全体が六部に分けられていて、各々上下二段と、横七列のタピストリーからなっている。紛失してしまったものも合わせると、全部で八十四もの場面にわたって構成されている。

七列に分けたのは、七という数字が完全や完結の象徴とされていたからと思われる。各部の左側にはいつも、天蓋の下に座して聖書を読む大きな人物像が表されている。終末思想の宗教劇、神秘劇を幻想的に表し、神の絶対性を説いている。

ペスト流行や百年戦争などが重なる十四世紀、ヨハネの黙示録という主題は身近にあったと思われる。神の栄光

「アンジェの黙示録」の一場面　アンジェ城内美術館所蔵
七人の天使が七つの災害を携えている場面

を待ち望む人々の信仰が、受難や絶望のなかにあって、なお希望を持ち続ける原動力となるという点で、当時まさに苦しみを体現していた人々にとって、導きや励ましとなるテーマだったのだろう。

「アンジェの黙示録」はシャルル五世の弟、アンジュ公ルイ一世のためにつくられた。下絵は、シャルル五世のお抱え画家だったジャン・ド・ボンドルフが担当し、「ヨハネの黙示録」の十三世紀の彩色挿絵を手本として描いたという。そしてタピストリーの制作は、パリの織師、ニコラ・バタイユの工房に任され、一三七八年に織り上げられた。この壮大な作品はアンジェ大聖堂に寄進され、現在はアンジェ城に収蔵されている。この精妙な織り技のタピストリーは、シャルル五世の統治期につくられた数多くの秀作のなかでも、今に伝わる最も有名なタピストリーだ。

「アンジェの黙示録」より
アンジェ城内美術館所蔵
鋭いかまを持つ天使が天の聖所から出てきた場面（部分）

　大聖堂の広い空間の壁面を飾り、薄暗い光線のなかで礼拝に集う人々を説得するために表現力の強さが必要とされ、さまざまな表現上の工夫がなされ

ている。八十四からなるタピストリーは全部が赤地と藍地の二種で仕上げられ、それぞれを交互に市松状配列で飾ることでコントラストを生み、迫力ある場面効果をもたらしている。
ダイナミックで簡潔な表現は、明解なイメージを強烈に伝える工夫がされ、巧みな技が生かされている。下絵を一層すばらしく形に表した織師の力量のなせる技である。柔らかい素材感といい、美しい色といい、おしなべてこのタピストリーには、絵画ではとても表現しえない織物特有の表現が見事に結集されている。

大胆に構成された作品が迫力を生み出しているアンジェ城内美術館の壁面

3 織師達の時代

アラッツィ

アラスやトゥールネ、ブリュッセルなどのタピストリー産業が飛躍的に発展した背景には、フランス北西部からベルギー西部にかけてのフランドル地方一帯で、製糸工業と染色工業とが発達していたことが挙げられる。

アラスは毛織物業が早くから盛んで、十三世紀には広く国際貿易を行っていた。しかし次第に毛織物業が他の北部都市でも発展し、ついにはブラバン地方に主導権を握られ、取引が衰退してしまった。何とか危機を切り抜けようと考えた彼らは、同世紀の終わり頃、最上級の質と付加価値を目指して、タピストリーをつくることを選んだ。

すると、時代の流れとしても、教会や王侯貴族を超えて、豊かな市民の間にまでタピストリーが大流行し始めた。アラスは、タピストリー産業が富の源泉となって、ふたたび毛織物産業の中心地としての地位を回復したのだった。

アラスの工房は、パリを凌いで繁栄し、竪機を使ったタピストリー制作のもっとも盛んな地となった。パリ工房は百年戦争によって甚だしい打撃を受けていたし、その他さまざまな条件がアラスの発展に好都合をもたらした。

トゥールネ大聖堂

十五世紀中頃までそれが続く。この頃のアラスのタピストリー産業は、後の十七世紀にゴブラン工房が世界的に知られるようになったのと同じく、国際的な評価を得ていた。「アラスの繊細な羊毛」は素材としても最高級品の証とされた。

この頃イタリアはちょうどルネッサンスの最盛期で、画家達が壁画に没頭していた時代だけれども、アラスの名前はイタリアにも知れ渡っていた。イタリア語では今でもタピストリーのことを「アラッツォ arazzo」（あるいは「アラッツィ arazzi」）という。アラスとは縁もゆかりもない他の地域のタピストリーまでもが「アラッツィ」と呼ばれたほど、アラスの影響力は絶大であった。ちょうど、焼き物のことを「瀬戸物」というのと同じように。

ベルギーのトゥールネ大聖堂を訪れると、壁面にあつらえられ、一面をびっしりと覆い尽くすかのような壮大かつ繊細なタピストリーに目を奪われる。

織り方を細部で変えていることによって質感の変化が生みだされ、実に表情豊かだ。装飾の手法による風景写実の表現で、こんなに堂の入ったものがあるだろうかと思われるほどだ。

この時代のタピストリーのなかでも、この「聖ピアと聖エルテール物語」は、アラスの工房で制作されたことがはっきりとわかる唯一のものとされている。同大聖堂の注文によりアラスのピエロ・フェレが一四〇二年に制作した。

モチーフは、トゥールネ地方で最初にキリスト教を布教した人々の伝説による。背景地面の草と堅い葉をつけた茂みやギザギザの形をした柏の葉が平面的に並ぶ。アラス様式を特徴付けている人物達の表現が、独特な優雅さを湛えている。

アラスの工房で制作された「聖ピアと聖エルテール物語」 1402年 トゥールネ大聖堂所蔵

「聖ピアと聖エルテール物語」（部分）

トゥールネ

もともと毛織物工業が繁栄していたアラス北部に位置するベルギーの都市トゥールネでも、機織業が大きく発展した。

トゥールネのタピストリー工房は、他の職業よりもいち早く制度化されている。一三九八年三月二十六日には、タピストリー制作に関するものとしては最古の規則がトゥールネで制定され、織師達の組合が成立している。

北フランスのアラスの繁栄は長く続いたが、十五世紀中期を過ぎると、タピストリー制作の中心地は、ベルギー西部のトゥールネなどへと移っていった。とりわけトゥールネとブリュッセルの二都市がアラスを凌駕して、有名になった。ファン・アイクやファン・デル・ウェイデン、ブリューゲルなどのフランドル絵画の巨匠達の活躍に刺激を受けたデザインが特徴的なタピストリーが、これら二都市で活発に制作された。

タピストリー「天蓋の下の領主と貴婦人」は、一四六〇～六五年頃、トゥールネかブリュッセルでつくられた。情景の特徴や表し方が、厳格な画面構成で定評があるフランドルの画家ファン・デル・ウェイデンの油絵表現とよく似ていると言われる。人物が無表情にポーズを構えているのに対し、足元にたわむれる子犬の姿や小花の数々が親しみを感じさせ、対照的な印象を与える。

「天蓋の下の領主と貴婦人」 1460-65年 パリ装飾美術館所蔵

まわりにボーダーがないこのようなタピストリーは、もともとは部屋一面に繰り広げられた大きな作品の一部分だ。この時代のタピストリーは、フレスコ画（塗りたての漆喰の壁面に水彩で描く壁画法）のように、一室分の壁面全体を覆い尽くすように贅沢につくられることが多かった。その上、住まいの特定の一か所というような固定した場所に設置するのではなく、自由にいろいろな場所に持ち運ばれ活用された。壁には取りつけ金具がつけたままにしてあり、いつでも簡単に掛け替えができた。

図柄には多様なテーマが見られるけれども、物語をいくつかのエピソードに分けて表して、教訓的な意味内容を盛り込んでいるものが多い。壁一面を覆い、しかも掛けかえやすいタピストリーに、教訓的な内容を織り込むことで、いつでも目に付くようにして、人々はその教訓を心に留めようとしていたのかもしれない。

当時、多くの場合は織り職人自身が、下絵の作業をも受け持っていた。タピストリーの表現がとても生き生きとしているのは、このためだろう。織り職人自身が、作品構成において常に主体的な役割を担っていたからこそ、その時代ならではの、そして織り技術を使うことによってしか表し得ない創造の花が、見事に咲いたのだ。

遍歴の織り職人達

中世あれだけ優れた作品をつくりだしていたパリの工房はどうなったのだろうか？

非常に隆盛を誇っていたにもかかわらず、百年戦争でイギリス軍に占領された時点で一時閉鎖された。一四一二年に織り職人達はパリを去って、アラスのすぐ北のリールに工房を移した。その後各地を転々とした。

パリから四散することとなったタピストリー職人達は、工房をロワール川流域に移し、ロワール地方を遍歴した。ドイツのラインランド、スイスなどにも竪機の工房が生まれた。一四五五年にはローマにも行っている。その他の地方にも、織師達が注文を期待して移動したことによって、タピストリー制作が広まっていったと思われる。

この頃のドイツでつくられた、かわいいタピストリーがある。世俗生活の情景を何か月も連続して表しているもので、季節ごとの果樹や花のある景色とともに、野外での仕事の様子などがまるでカレンダーのように描かれている。その図柄は実に楽しくて、良くできている。これらは、質実剛健を好むドイツの風潮のせいか、贅沢好みの他国の作品とは明らかに性格を異にしている。

　ドイツではかなり後世まで、タピストリーはもっぱら修道院で制作された。各地をまわる織り職人の顧客も、教会関係者や都市貴族あるいは田舎の小領主達だった。たいていは小さい織機で織られていたことから、織り幅で制約

ドイツ ライン川西部地方・レナリニーで制作されたタピストリー　1425年　ブリュッセル王立歴史博物館所蔵

されているタピストリーは縦に短いものが多く、幅が長い。このようなタピストリーは西ヨーロッパのものとは趣が異なっており、「異教徒がつくったタピストリー」とも呼ばれた。

これは一四二五年、ドイツのライン川西部地方レナリニー製の、縦一一四センチ、幅三八五センチのタピストリーだ。ブリュッセル王立歴史博物館の収蔵品である。

デザインは、トリックトラック（西洋すごろく）をしている王様や食事をしている王様が表されている。左のほうでは、「野人」の王様が祭りをしていて、隠者と相談をしている。リボン状に表されている文字はドイツ語で、物語の説明がされている。さらにタピストリーの下のほうには、小さな絵柄で日常生活の様子が繰り広げられている。

顔の部分は空白に残して、織り上げられている。もとは織った後、顔の部分が絵筆で描き入れられていたのだが、紫外線で退色したのか、あるいは洗濯で抜けてしまったのだろう。

顔の部分を、絵筆で描き入れたり刺繍をしたりする目的で空白に残して織り上げるという方法は、ドイツに隣接するフランス・アルザス地方特有の手法であるという。

タピストリーに見られる様々なモチーフ

①野人

中世の作品のテーマとして興味深いものに、「野人（英語でいうとワイルドメン）と架空の動物」がある。十四世紀終わりから十五世紀にかけて、この野人と架空の動物という主題が、美術や詩および野外劇において、特にドイツ語圏では恋愛や宗教などの題材に次いで、とても好まれた。

ヴィクトリア&アルバート美術館の陳列室の片隅に、奇妙なタピストリーを見つけた時、その風変わりな趣に興味をひきつけられた。青色の毛を身にまとった女性が中央にいて、左右にはピンクの毛をまとう男性がいる。女性の右横にはひづめのついた前足と水かきがある後ろ足をもつ青緑色の動物がいて、左横には、長い首に長いあご、大きな歯を持った龍のような二本足の動物がいる。

この作品は、十五世紀中頃にスイスでつくられた作品だ。ここに描かれている男女の姿こそ、その「野人」である。他には見られない雰囲気を放っていて、見る者はなんとも不思議な感覚に包まれてくるだろう。

なぜこのような主題のタピストリーが現れたのだろう？

「野人と架空の動物」　15世紀中頃　ヴィクトリア＆アルバート美術館所蔵　写真：ピクチャーライブラリー

野人は、モンスターや野獣などで表された邪悪なエネルギーに対して、正義の戦いを挑むものという解釈がある。あるいは逆に、野獣達が汚されていない自然の象徴であり、野人こそがこの世の邪悪な物を背負っているという、別な解釈もある。

しかし『中世におけるワイルドメン』の著者リチャード・バーンハイマーによると、「ワイルドネス」の意味は、キリスト教的規範や確立されたキリスト教社会の枠組みにはまらないすべてのものにかかわる、何か予測できない神秘的で粗野な、未開発のものと関連づけられている。ちょうど、中世社会とは反する世界で、「神の創造のまま」を表す。生まれたてのように清く自由ということだろうか。

このようなものは、この時代の多くの人々にとって、伝統的な行動や思考の制約に反するものとして魅力があった。野外劇や仮装舞踏会では、野人の外観の模倣がファッションになっていた。貴族や都市市民は、住まいの部屋やタイル、刺繍、タピストリー、家庭用品のなかになど、至る所にこのテーマを見ることを好んだ。

このタピストリーでは、野人と野獣は自由、エネルギー、そして自然の本能をほのめかしている。野人に、人間の本来あるべき姿を投影し、現状の自分達に疑問を投げかける姿勢が感じられる。

②生活の風景

日常の風景も、タピストリーに表されている。「樵夫《きこり》のタピストリー」など、森のなかで農夫や樵夫が働いているさまざまな様子をモチーフとした一群の図柄がある。

ここに挙げる一四七五年にトゥールネで織られたタピストリー「羊の毛刈り」には、羊飼いがくつろいだり、羊の毛を刈ったりしている野外ののどかな情景が表されている。人物達の後方の風景や水溜まり、地面に生える草花、硬い葉をつけた茂みなどが、平面的にぎっしりと並べられている。

これらの作品は迫力あるおおらかさが魅力だ。織りの高い技術を身につけた織り職人達の真剣な姿勢が見て取れる。不要な部分をそぎおとした具象表現は、織り独自のものだ。わざとらしい表現にならないのは、織りへの忠実さに導かれたからだ。

日常的な風景が織り込まれているといっても、どこかぎこちない。ぎこちなさにこそ織り独特の魅力が表れ、創造性豊かな仕上がりとなっている。

このような織物らしい図柄は、当時における絵画とどのような関連をもっているのだろうか？

トゥールネ大聖堂のタピストリー「聖ピアと聖エルテール物語」に見られ

トゥールネで制作された「羊の毛刈り」 1475年 ブリュッセル王立歴史博物館所蔵

る写実的手法は、ファン・アイクの油絵の手法を連想させる。画家メルヒオール・ブレーデルラムがブルゴーニュ宮廷のために制作した下絵を用いて、ユアール・ド・ヴァロアが「羊飼いの男女」を織り上げている。この時期には、タピストリーの下絵制作に、徐々に高名な画家が関与し始めた。

トゥールネでも下絵師の存在が認められている。とはいうものの、まだほとんどの場合は、どこの誰かもわからない者による下絵に基づいて制作されており、織る人自身の独創が発揮されていた。

織物は、絵画と比べた時、組織による制約だけでなくて、素材と色彩の面でも独自性がある。当時、糸染めに使われた染料はすべて天然のもので、青色が藍、黄色系は植物染料のゲレップ（黄木）や木犀、赤色は茜や、ヨーロッパで珍重され十五世紀頃まで広く使われた動物色素のケルメス、後にはコチニール（臙脂虫）を使ったとされる。

機能として装飾性が第一の目的であったため、素直に人目を引くような色彩効果を意識して織られた。時を経て日光（紫外線）にあたるなどしても、なお変色がしにくいようにと、中間色と灰色系統を避けて鮮やかな強い色調が使われた。色数も二十～三十色に限定され、色彩を大きなブロックに分けて力強いコントラスト効果がでるように心がけて織られた。

このように織物が本来もっている特性が生かされることによって、絵画とはまた異なった芸術となったタピストリーは、イタリアでは、「フレスコに匹敵する、天才のなせる最もオリジナルな表現」と、賞賛されていた。

③戦争

「戦い」を題材とするタピストリーの特徴は、背景の空の部分にさえ余白を残さずに、織地全体が上から下まで人物像などでびっしりと埋め尽くされていることだ。戦う人物が折り重なりひしめきあっている独特の表現である。織り込まれている人物達は皆がそれぞれ必死に戦っている。私はこれを目の前にすると、よく織ったなぁというよりも、ただただ織り師の表現への執

「トロイ戦争」(部分)

びっしりと戦士の姿で埋め尽くされた「トロイ戦争」
ヴィクトリア＆アルバート美術館所蔵　写真：ピクチャーライブラリー

着心に圧倒させられる。

　ローマ時代のレリーフでも、戦いの場面では人物が隙間無く彫刻されているのを思いだす。もともと日本人と異なって、開いている空間を埋めるという感覚が西洋では一般的で、それが図柄にも反映されているのに加えて、「戦い」という人のエネルギーのぶつかり合いや騒々しさを表現しようとした図柄であるから、この傾向はなおさら強調される。

　トゥールネ製のタピストリーは余白を残さない図柄が多いが、その最たるものである戦争のテーマは、特にトゥールネにおいてよく制作されていたようだ。

　一四七五〜九〇年頃のトゥールネ製とされる「トロイ戦争」には、三つのエピソードが表されている。左側は女王がギリシャと対戦するトロイの軍隊に参加するところで、トロイの門の所で王の前にひざまずいている。次の場面は、女王と配下の戦士が戦闘しているところ。三番目は、青年ピルスがテントの入り口に父アキレスの鎧をつけて武装して立っており、一方にアイアス（ギリシャ神話でトロイ戦争の勇者）、他方にアガメムノン（ギリシャ軍の総大将）がいる。後方はピルスがギリシャ軍に加わっていく情景だ。

トゥールネ製「ユリアス・シーザーの歴史」（一四七〇年頃制作、スイス・ベルン歴史美術館蔵）をみても、織師ができるだけ多くの細部をタピストリーに盛り込もうとしていた様子が窺い知れる。後年に同じ題材でつくられたものより美しく表され、表現に丸みとふくらみがあり、人間味が感じられるような気がする。

戦いのモチーフは、有名な戦争や、一人の英雄の物語を表す場面で使われることが多かったようだ。他にもランス（フランス）のノートルダム美術館収蔵の「フランク国王クロヴィス物語」をはじめ、ブリュッセル王立歴史博物館等に収蔵されている「ロンスヴォーの戦い」など、数々の秀作が残されている。

「デヴォンシャー狩猟タピストリー」の内の「鷹狩り」（部分）
ヴィクトリア＆アルバート美術館所蔵

④狩り

「ハンティング・タピストリー」というものがある。生活のなかで野外での活動を盛んに行っていた城主達は、日々なじみ深い狩猟や田園の情景を、城館の奥に帰った後でもタピストリーのなかに眺めることを好んだらしい。

中世、西洋において狩りはたんに余暇の楽しみという以上のものだった。獲物によって食卓が豊かになるということもあっただろうが、むしろスポーツや儀式として行われた。狩りには、形式的な動作がいろいろあり、それは貴族のエチケットのなかに含まれた。狩りの技術は、いわば日本の武士道のように、平和時における騎士の男らしさ、勇敢さなども示していた。

狩りに対する情熱は、家に掛けられるタピストリーにも反映された。ヘンリー八世は、二百以上の狩猟や鷹狩りに関するタピストリーを持っていたほどだ。

デヴォンシャー公爵が所有した「デヴォンシャー狩猟タピストリー」は、十五世紀半ばの狩猟を題材とした四枚一組の大きな壁掛けだ。その四枚はそれぞれ「鹿狩り」「鷹狩り」「イノシシと熊の狩猟」「カワウソと白鳥の狩猟」。いずれも何度も補正されており、縦の長さや幅がちょっと欠けたりしている。しかし現存するものは、全幅約四十メートルと壮大で、狩猟を描いたタピストリーの起源の一つとして、現在はロンドンのヴィクトリア＆アルバート美

「カワウソと白鳥の狩猟」　ヴィクトリア＆アルバート美術館所蔵

術館に所蔵されている。

狩りといっても、獲物によってやり方が違うせいか、四つのタピストリーで雰囲気が全く異なっていることは興味深い。「カワウソと白鳥の狩猟」の中央では白鳥にかみつかれながら奮闘している人が滑稽に表現されていたりして、比較的楽しめる。「カワウソと白鳥の狩猟」のなかで、熊狩りを描いているシーンの登場人物には、ラクダに乗りイスラム人の格好をしているものもあり、異国情緒を漂わせている。

私は初めてこれを見た時、何とも言えない拒絶反応を感じたものだ。表されているものが残酷過ぎる。一例をあげると、画面の中央に横たわる鹿のおなかが大きく引き裂かれたまま、はらわたまで描写され、取り囲む狩猟犬が乗り上がってそれを食べている。きれいな服装をした人物達も、うれしそうな表情でそれを囲み、団欒している。

それをわざわざ飾ろうとする気持ちが理解できなかった。以前ハンティング・タピストリーを目の前にして、イギリスの友人に率直にそのような感想を述べてみたことがあったが、彼は「日本の絵巻物の合戦とかの描写を見ると、西欧人には残酷で耐えがたいものを感じる」と言った。

「カワウソと白鳥の狩猟」（部分）　熊狩りをする場面
ヴィクトリア＆アルバート美術館所蔵

⑤ファッション

場所も時代も違い、生活が異なっていても、どこであろうと十年違えばファッションの流行は変わるようだ。

先に触れた十五世紀半ばに制作された「デヴォンシャー狩猟」の四枚一組のタピストリーには、ファッショナブルな宮廷人の姿が大勢盛り込まれ、それぞれが細かなところまで描写されている。このような細かなファッション描写によって、服装による年代の違いがわかる。

ここで見られる毛皮の服や宝石のついた襟《カラー》、袖にぶら下がった銀の葉や言葉の刺繍は、この時代の文学にでてくるフランスのブルゴーニュ伯やオルレアン公に関するファッション描写と一致する。一四一四年にオルレアン公シャルルのためにつくられた衣装の袖には、言葉と楽譜が刺繍されており、その音符は五百六十八個の真珠によってつくられている。

また、四連作のなかの一つ「イノシシと熊の狩猟」の図のなかで、川を渡る女性の袖に逆さ向けに織り込まれている「欲望は大きくなっていく（原文フランス語）」という言葉は、当時の人気歌曲の冒頭からとられていて、音楽を服装に取り込むということがはやっていたことがわかる。

逆に、衣装のスタイルによってそれぞれのタピストリーがつくられた年代の違いを知ることができる。「イノシシと熊の狩猟」の人物は一四三〇年代初期のファッションである。四連作のなかでも、服装から考えると「鷹狩り」と「カワウソと白鳥の狩猟」の図はもう少しあとのものだろう。また「鹿狩り」は、高いところでカーブした女性のヘアスタイル、男性の角張った肩や高い腰と先のとがった靴が、一四四〇年代のファッションを示している。

ところがまた「イノシシと熊の狩猟」と同じ下絵のなかの一部分で、後の流行の服装を着ているのを織ったのがイギリス・グラスゴーのブレルコレクションにある。全く同じデザインで織る時でも、服装だけはその当時の流行のものに変えているのがおもしろい。

パトロンが注文をだす時、彼はその実物大の下絵とデザインをも買い上げて、そのタピストリーを占有することが多かった。そうしなければ、工房は同じ下絵を使って同じデザインのものをたくさんつくって売ったりしたからだ。質の高いデザインや、人気のある題材では、同じような下絵がたくさん使われた。さらには、下絵をそのまま、少しだけ手を加えてアレンジして使うこともした。

年代の違いは、もちろんタピストリーそのもののスタイルにも現れている。初期には人物が背景に対して小さく描かれており、またポーズが装飾的だったものが、後になると人物が大きく描かれていて自然な感じとなっている。洋服など、絹、ベルベットを表す時の様式も、小さくて間隔を持ったモチーフから、もっと大胆で流れるようなデザインに代わっている。

「ヘラクレス３点セット」（部分） 1465-1500年 アムステルダム国立美術館所蔵

ブリュッセルで制作された「チャールズとマーガレット」 1479年
アムステルダム国立美術館所蔵

画家と織り職人の攻防

十五世紀のタピストリーには、力強さと広がりがある。色彩も、長い年月を経たことで、光や空気に対する反応を積み重ね、鮮やかで落ち着いた美しい色に育っているので、惹きつけられるものが多い。

世俗においては、来客の際には壁に二重に掛けて自慢するなど、ますますタピストリーを所有することが盛んになった。豪華なタピストリーが、権威や富貴の誇示として、競って制作依頼された。家臣や子女へのプレゼントとして、婦人への愛の印として、あるいは自らのステイタス・シンボルとして、タピストリーを注文するのが大流行した。

主題はその時代の騎馬試合や武功、戦闘、英雄伝や騎士道小説、武勲詩から想を得たものや、宮廷文学から想を得たもの、吟遊詩人達好みの主題だったギャラントリーという、いわゆる婦人に対して礼儀正しく丁寧に振る舞う様子を表したものや、貴族の優雅な生活を謳い上げたものが多い。

この時代、まだタピストリーの制作地を明確に特徴づけるものはほとんどなく、大部分のタピストリーは、制作工房の区別だけでなくフランス製かフランドル製かさえも分類することは難しい。下絵画家も不明のままで、歴史

部分

家の見解も異なっている。

下絵師達は当時なお、前世紀と同様に、写本の彩色挿絵の細密画から画想を得ることが多かった。しかし細密画が本物の風景のような立体感をもって描かれたのに対し、タピストリーでは遠近法を使わず、背景地と主題が平面的に配置されているところが特徴である。したがってタピストリーの図案はおのずと絵画とは異なる。そして織師達はまるで語り部のように、一つのテーマをいくつかの逸話によって表現している。彼らは織りならではの技を活かすことに努め、独特の生き生きとした作品を生みだした。

一四七六年、ブリュッセルの画家達がタピストリーの織り職人に対して、絵画家が描いた下絵を使うように抗議した、という記録がある。対して織り職人達は、これまでも常に画家の助けをかりずに独自に制作してきた、と応酬したという。

紛争は和解したというが、相互が拮抗するほどに制作への思い入れが深いものであったということを窺い知ることができる。実際、織り職人自身にそれぐらいの気構えがない限り、秀作を成し遂げることはできなかっただろう。

4 栄光の時代

フランドルで制作された「オレンジの摘み取り」にもミル・フルールが見られる
1500年頃　アムステルダム国立美術館所蔵

ミル・フルール

ヨーロッパ・タピストリー独特の様式は、織り本来の特徴によって育まれた。十四世紀頃に花開いて、十七世紀初頭に至るまで踏襲され、生き続けた。十五世紀の終わりになると、絵画からの影響を色濃く受けた作品が現れてくる。特に人物の表し方では、優美なプロポーションや繊細な手、表情の表現などにおいて、絵画と同形式のものが取り入れられるようになった。

それでもタピストリー本来の特徴や制約により、おのずと絵画とは異なっている。タピストリーは柔軟で壁にふわっと掛けるものなので、掛けた時にいくつもの大きな襞《ひだ》ができることがあり、模様の一部が途切れて見えたりする。だから、模様の一部が隠れてもなお全体像が現れて見えるようにする工夫が必要とされた。全般的に、タピストリーでは隙間を残さず饒舌に表現するが、これはそのためだ。

遠近法をとり入れる必要もなかった。タピストリーは、もともと閉ざされた快適な空間を生みだすという機能から始まり、次第に装飾的目的に変わっていったものなので、図柄によって空間に広がりを持たせるという役割は、あまり要求されなかった。風景がすぐ目の前にあるようにするため、地平線をできるだけ高い位置にすえた。あるいは地平線を全く入れず、奥行きのない空間に人物像を配する。

この結果、百花精《ひゃっかせい》とか千花《せんが》模様と訳される「ミル・フルール」(フランス語)という、小柄の花や花をつけた枝ばかりが時々小動物と共に、織地全面に散りばめられて空間が充填されるタピストリーが生みだされた。

世界中で最も有名なタピストリーの「貴婦人と一角獣」(一四九〇〜一五〇〇年頃)は、パリのクリュニー美術館にある。円形の部屋一面に飾られている、この美しい六つに分かれた作品は、ミル・フルールの作品だ。

六点のうち、五点はそれぞれ五感を表しているという。貴婦人が一角獣の角に触れているのは「触覚」。オルガンを弾いているのは「聴覚」。貴婦人が匂い玉を持ち、アロエやカーネーション、バラの花などが入った籠の上でサルが花を嗅いでいるのが「嗅覚」。侍女がドラジェ(砂糖菓子)を差しだしているのは「味覚」。

そしてここに挙げる、貴婦人が手にする鏡に一角獣の顔が映しだされているタピストリーは、「視覚」を表している。

赤を背景に周囲はミル・フルールで彩られており、中央に美しい姿の貴婦人が、右にユニコーン左にライオンを従えてたたずんでいる。色や表情、模様など、どれをとってもため息がでるほど素晴らしい。なんと堂に入った出来映えであることか。

いつまでも部屋の中央にあるベンチに座ってその空間にとどまっていたいと思った。

「貴婦人と一角獣」の内の「聴覚」（部分） 1490-1500年頃
パリ・クリュニー美術館所蔵

「味覚」（部分）

「視覚」（部分）

野外の音楽会

中世からタピストリーの需要が高かったフランスでも、十五世紀末から十六世紀初めにかけて、人気が最高潮に達し、宮廷や貴族、教会から注文が殺到した。この頃はパリよりもその周辺地方に工房が発展しており、なかでもロワール川流域地方に、多くの工房が集中していた。アンジェ、ブロアといった国王の居城と宮廷があった地域には、各地からの織り職人が集まってきた。

タピストリー「泉のコンサート」は、ロワール川畔製のものとされる。パリから車で一時間以上かけてボーヴェ織物美術館に到着し、入館すると同時に、この楽しい作品に私はくぎづけになった。

このタピストリーもミル・フルールである。登場する人物がまとっている豪奢で愛らしい衣装は、シャルル八世による一四九五年のナポリ征服の際にフランスに入ってきた服装だ。植物で覆われた背景地に、遊びに興じている人物達が浮かび上がっている。

貴婦人は、井戸の上に乗せた小型のパイプオルガンを演奏している。貴公子はリュートを掻き鳴らしている。その脇では別の婦人がバイオリンのよう

フランスで制作された「泉のコンサート」 16世紀初め フランス・ボーヴェ織物美術館所蔵

「泉のコンサート」(部分)

な弦楽器を演奏している様子が、なぜか小さく表されている。人物を主人公とそれ以外の人々に区別して、サイズを大きくしたり小さくしたりして描き分けたのだろう。

人々が野外に集って合奏している情景は、領主生活の楽しみを思い起こさせるものの一つとして、珍重されている。このような情景は当時よほど人気の主題だったとみえて、これによく似たものがゴブラン織博物館にもある。他にも、「パイプオルガンに向かう貴婦人」や「オルガンの合奏」というタイトルで、中央の井戸のようなものを描かず、代わりに楽器の台が木製になっているものが、ルーブル美術館とアンジェ美術館に収蔵されていて、相互に比較対照することができる。

これら華麗なタピストリーを目にすれば、いかにもヨーロッパらしい雰囲気を誰しも感じることだろう。心の奥に刻み込まれる感動を体験するはずだ。この時のヨーロッパでしか表現し得なかったような、織りを使った表現が、ここに結実している。

ブリュッセルの台頭

十六世紀に入っても引き続きタピストリー産業は繁栄した。アラスやトゥールネを追い抜いて、十六世紀にはついにベルギーのブリュッセルが産地として中心となった。その地位は約一世紀の間揺るがなかった。

ブリュッセルでつくられた比類のない織物は、俗世間と宗教界とを問わず、支配者や高官――例えばハプスブルクのフランソワ一世（フランス王）、イギリスのヘンリー八世、教皇のレオ十世、グレゴリー十三世など――に、大変な熱意をもって愛された。

このため、ブリュッセルの名を不当に使ったタピストリーが多く出回るようにもなった。これに困ったフランドルでは、制作地と制作者のマークを織り込まなければならないという法律が一五二八年に定められた。

したがって、制作地と制作者のマークが無いものは、それ以前につくられたことがわかる。例えば、ニューヨークのメトロポリタン美術館など数か所にある「暦の月と惑星」シリーズはブリュッセル製であり、どのタピストリーにもこの印が入っていないので、この法律が施行される以前につくられたことがわかる。

「月日と惑星」という別のシリーズの一つ、オランダ・アムステルダム国立美術館に収納されている「四月―土星」を見てみよう。このタピストリーには、貴族とその妻が馬に乗って、春の景色を楽しんでいるという情景が描かれている。長方形画面のなかの卵形にかたどられた部分に、十二宮座（星座）の記号が配置されている。ルネッサンス的な自然法則への関心の高まりだろうか、それとも占星術を表しているのだろうか。

「四月―土星」（部分）

「四月－土星」（部分）

同時に、一つの画面のなかにいくつもの別々の出来事を描き込むという、中世的な特徴も併せ持っている。例えばここでは「春」を表すモチーフが三つも繰り返されている。左には農婦が種まきをする姿が描かれている。中央には貴族とその妻、また右には若い家族が描かれているが、これも男性の人生における早い時期（青春）の象徴として、春が意味されている。

周囲は、ピンクとライトブルーのリボンによる花飾りのボーダーで支えられている。十六世紀初頭、表現のなかにリボンのモチーフを使っているタピストリーがよくつくられた。

春を織りこんだ「四月ー土星」ブリュッセル製　1500-25年
アムステルダム国立美術館所蔵

BBのマークの入ったタピストリーの裏面
プーシキン美術館所蔵

産地の商標

十五世紀までのタピストリーは、日付や起源に関して、ほとんど手がかりとなるようなものを含んでいなかった。一五二八年のブリュッセルの法律制定で、ブリュッセルはBB（ブラバン・ブリュッセル）、トゥールネは銃眼のある塔、などのマークが義務づけられ、各産地の区別ができるようになった。次いで一五四四年には、オランダでつくられるすべてのタピストリーに制作地のマークを織り込まなければならないと決められた。

名前はどんどん重要性を増してきた。ルネッサンスの特徴と言われる、芸術家の個人主義の確立の影響があるのだろうか。ブランド意識の確立によるところが大きいのかもしれない。産地の商標だけでなく、織り工房の商標も使われている。

主題の方は相変わらず、英雄叙事詩や紋章、神話、聖書、戦闘、神の勝利、将軍の勝利、固有の仕事、季節の出来事というような伝統的なものばかりだったが、だんだんと遠近法的な表現が取り入れられるようになってきた。

アムステルダム国立美術館が所蔵する、皇帝チャールズ五世のためにつくられた紋章をモチーフとした二つのタピストリーは、一五三〇～四〇年のものだ。この「皇帝チャールズ五世の紋章のある緑の草木」には、BBのマークが入っている。

もともとこのセットは、八つのタピストリーからなり、ハプスブルク家の所有物として最初はウィーンにあった。デザインは緑の草木を背景として、双頭の鷲、ハプスブルク家の紋章が示されている。素材には金糸や銀糸も織り込まれている。

「皇帝チャールズ5世の紋章のある緑の草木」
アムステルダム国立美術館所蔵

このような紋章のデザインは、スイスのベルンにある紋章のタピストリーと同じ系統だ。そちらの方の背景には依然としてミル・フルールが使われているのに対して、このハプスブルクのタピストリーは、ケシやヤグルマギク、ガマ等を含む植物が、ルネッサンスの特徴である遠近法に配慮しながら描かれている。

上方に向かって突き刺さるような感じに伸びていて、お互い絡みあっているため、三次元空間のより強い印象をつくりだしている。

「バビロン追放、エレミアの預言」 1575-1600年
右下端には織り師Geubelとその妻のマークがある（部分）

「バビロン追放、エレミアの預言」（左下端の部分）
ブリュッセルのマーク

ラファエロ

十六世紀半ばのブリュッセル製とされるタピストリー「スキピオの勝利」は、動きの表現が力強い。それまでの図柄とはうって変わり、空の部分は無地の空間で表されている。人物表現も絵画のようになっている。この作品はジュリオ・ロマーノの下絵によってつくられた。ロマーノはラファエロの一番弟子だ。

人物像に立体感がある「スキピオの勝利」
アムステルダム国立美術館所蔵

それより少し前、タピストリーの歴史を大きく変えた出来事があった。イタリアの画家ラファエロと愛弟子ロマーノはヴァティカンに多くの仕事を残しているが、一四八三年に完成していたシスティーナ礼拝堂の壁を飾るためのタピストリー「使徒行伝」の下絵十枚の制作を、一五一五年にローマ法王レオ十世から任されたのだった。

彼は、ロマーノや他の弟子達の協力をもとに下絵を完成させた。これらの下絵は、現在はロンドンのヴィクトリア&アルバート美術館に収められている。タピストリーの制作は、当時織物業の頂点に立っていたブリュッセルの織り職人ピーテル・ヴァン・アロストに発注された。

ラファエロの下絵は、フランドルの職人達にとっては納得できないもので、素直には受け入れられなかった。さぞ抵抗が大きかったことだろう。絵画的な表現に慣れなければならない上、自由に解釈することも許されず、織り上げるのに、三年の歳月を要した。

しかし一五一九年のクリスマス、システィーナ礼拝堂に初めて作品が掛けられた時、誰もが驚きのあまり声を失ったといわれる。そして、熱狂的称賛と大反響を巻き起こした。このラファエロのタピストリーは建築家で美術史家でもあるジョルジョ・ヴァザーリに絶賛された。彼は著書『芸術家列伝』

のなかで当時の様子をこう語っている。

「ラファエロは自らの手で実物大の下絵を描き、彩色して、フランドルへ送った。フランドルでタピストリーが織り上がった後、ローマへ送られてきた。そのあまりの完璧な美しさのため、それを見た全ての人は、単なる糸を用いてどうして髪の毛やあごひげをこんなに繊細に描けるのだろうか、どうしてこんなに柔らかく肉体を描くことが可能なのだろうか、と驚嘆した」。

ラファエロより前の、どのタピストリーのデザイナーも、このように大きな名声を勝ち得たものはいなかった。「使徒行伝」の衝撃は、それを織り上げたブリュッセルに、他のタピストリー産地に勝る評判をもたらすことにもなった。

この大反響は、タピストリーの伝統的美学をまさに一変することとなった。絵画を最高の芸術とみなすイタリア・ルネッサンスの新しい趣向が、ヨーロッパ中に広がったのである。

グロテスク

グロテスクという装飾的モチーフは、一四九三年に発掘されたローマ皇帝ネロの黄金宮殿の地下遺跡内のフレスコ画に見出されて、ラファエロによって新たに蘇らされたものだ。ルネッサンス期にタピストリーのデザインに革命をもたらしたラファエロの壮大な構図による「使徒行伝」の立派なボーダーにもグロテスク様式が用いられている。それらは人物と動物や唐草文様を組み合わせた幻想的なもので、動物の足をした人間などどこか奇妙な雰囲気を醸しだす図柄だ。

日本語でグロテスクというと何か怪奇的な感じがするが、本来はそうではない。「グロッタ」というのはドーム状の地下室のことである。発掘された古い地下室の壁画に、このような少し奇妙にも思える雰囲気の文様が多く見出され、「グロッタふうの」つまり「グロテスク」と呼ばれたのだ。

後世の意味のように、確かに奇怪な雰囲気をどことなく漂わせてもいる。洗練された味わいのある面白みがあり、ルネッサンス人に人気があったのも理解できる。

この頃には、労を惜しまず精緻にごく細部まで織り込まれるブリュッセル

「青色のヘラクレスのグロテスクタピストリー」　アムステルダム国立美術館所蔵

独特のスタイルが確立されていた。絵画的なデザインが成功をおさめた結果、下絵は非常に高価になった。同じ下絵を使ってタピストリーが繰り返しつくられ、織り手の意欲と緊張感が失われた。タピストリー業者は、デザインを当時の標準的な好みに適合させ、オリジナリティーや個性のないタピストリーを多量に製作していった。皮肉にも、織りの技術の精緻さによって、創造性の欠如はかえって目立ってしまう。

そのような時、古典的な絵画から直接借用したグロテスク装飾は、当時の人々にとってよほど新鮮な印象を与えたに違いない。非常に人気を博したとみえて、グロテスク・モチーフのタピストリーが増加し、新たに重要なテーマとして加わった。

グロテスク・タピストリーの背景は、一般に青や赤や黄のシンプルなものだ。グロテスク装飾の初期の実例として、「青色のヘラクレスのグロテスク・タピストリー」がアムステルダム国立美術館にある。これは、「神の勝利」というシリーズの一つで、一五三〇〜四〇年、イタリアの画家アミコ・アスペルティーニによってデザインされブリュッセルで織られた。

グロテスクから着想された下絵はかなり後になるまで、ブリュッセル、イギリス、フランスのゴブランやボーヴェで織られ続けた。

ヤコブの物語

ブリュッセルのタピストリー・デザインの最高傑作とされるものは、一五二五年から五〇年頃の制作に集中している。もともとブリュッセルで発展してきた構図にラファエロの構図をうまく取り入れて、他の芸術家により描かれた下絵を用いた。

その一つが「ヤコブの物語」であり、画家バーナード・ヴァン・オルレイの代表作でもある。十枚のそれぞれ大きな構図は、永遠に存在する自然を背景として、人物が装飾的で建築的な舞台で生き生きと動いている様を示している。人物のダイナミックな動きは、衣装の襞の動きによっても強調されている。

その八番目のタピストリー「ヤコブとシケム」は、幅丈四・三二メートル、幅六・七一メートル。旧約聖

「ヤコブの物語」の８番目「ヤコブとシケム」（右部分）　ヤコブが彼の偶像を埋め、去って行く場面
ブリュッセル王立歴史美術館所蔵

書創世紀の第三十三から第三十五章までを題材としている。ヤコブが彼の偶像を埋め、去って行く場面だ。

また、四番目のタピストリー「家畜の群れの分割」は、丈の長さ四・二八メートル、幅は六・〇八メートル。旧約聖書の創世紀の第三十章を題材としている。ラバンが家畜をヤコブに分け与えている場面だ。

このシリーズが特に素晴らしい出来映えとなったのは、用いた織

「ヤコブの物語」の４番目「家畜の群れの分割」　ブリュッセル王立歴史美術館所蔵

「ヤコブとシケム」(下端部分)
ブリュッセル王立歴史美術館所蔵

りの技法によるところが大きい。比較的シンプルなタピストリーの織り技法がうまく適用され、主題の再現だけでなく、顔の表情も見事に表されている。一連の純粋な淡い色調は、豊かな色彩を生みだしている。制作にあたったウィレム・ド・ケンペネアは、当時最も技術のあった織師の一人だ。

一連のタピストリーはケンペネアからアントワープの商人に渡され、一五三一年から三九年の間、イギリスのヘンリー八世から贈られてローマの宮殿を飾った。後にボローニャの宮殿に移され十九世紀終わりまでそこにあった。その後、北部シレジア地方(現在のポーランド)の城に掛けられ、スイスのある別荘に掛けられた。

この十枚のタピストリーは、来歴がきっちりとしており、素晴らしく良い状態で保存されてきた。一九五〇年にベルギー政府によって買い上げられ、ブリュッセル王立歴史美術館のなかで、最も美しいコレクションの一つとなっている。

オランダの世紀

十六世紀から十七世紀にかけて、ネーデルラント（現在のベルギーとオランダ、ルクセンブルク、北フランスの一部）では商工業が発達し、都市が繁栄した。初期には、都市と市民の権利の確立という同じ目標を持つことで、南部と北部はしっかりと結ばれていた。この地域にはプロテスタントが普及していた。織師などの中小商工業者は大部分が新教徒だった。

ネーデルラント独立運動のさなか、カトリックのスペインが南部を降伏させ、新教徒を迫害した。一五七〇年頃以降、南部から絶え間無く新教徒の逃亡があり、そのなかには多数の織り職人が含まれていた。

その結果、南部の中心ブリュッセルのタピストリー産業は、繁栄の極みから一転して衰退していくことになった。逃げてきた職人達は、最終的にオランダに住み、独立した歩みを刻んでいくことになった。

若くして世界的な名声を得た織師フランソワ・スピーリンク（一五五〇～一六三〇年）は一五八〇年頃北部のデルフト市に移住した。彼はそこで家族と工房を持ち、極めて好調に制作した。彼のタピストリーはブリュッセルの高い品質を維持していて、貴族の間でも尊重され、国家間の正式な贈答品と

オランダの典雅な作品「プロクリスとダイアナの最後の別れ」 アムステルダム国立美術館所蔵

ボーダー（下方部分）

しても使われた。

アムステルダム国立美術館に収蔵されているカラフルで優雅なタピストリー「ダイアナの物語」は、スピーリンクの工房から生まれた。狩猟の女神ダイアナをめぐる話をテーマにした三点で、その各々にデルフトの都市マークＨＤと、織り手の名前がラテン語で織り込まれている。引き伸ばされた姿や曲線の多用、強い明暗効果を特色とする芸術様式マニエリスムの典型で、当時の代表的なスタイルだった。下絵は、南部から移住してきた王室画家カレル・ヴァン・マンデル（一五四六～一六〇六年）による。

その優雅な光景は、精神と暮らしの豊かさを持ち、時代や文化、状況の全く異なる我々に、良い意味での異国情緒を感じさせ、奥深い特別な世界に引き込まれるような感覚を覚えさせる。この典雅なタピストリー「プロクリスとダイアナの最後の別れ」は、オランダにあるタピストリーの最高傑作のひとつであろう。

ボーダーにHDのマークが入っている
（左下部分）

5 絵画化へ

画家の影響

ラファエロのタピストリー「使徒行伝」の後、織師達はラファエロの弟子達の下絵による仕事をした。デッサンは誇張され、水平線は下げられ、イタリアのタブローに似た構図になり、人物像は立体感を与えながら、現実の空間で躍動するようになった。ラファエロの素晴らしい下絵への憧れは消えることなく、ブリュッセルの工房だけでなくフランスのゴブラン工房、ボーヴェ工房、イギリスのモートレーク工房でも複製された。

タピストリーは急速に平面装飾としての特性を失い、近代絵画に従属するようになる。タピストリーの図柄のまわりには、ボーダーが織り込まれるが、年代とともに縁の図柄の部分が段々と広げられていき、この頃になると絵画の額縁のようなボーダーが織られるようになってくる。

画家がタピストリーに及ぼした影響は大きく、オランダのルーベンス（一五七七～一六四〇年）もその一人だ。ルーベンスはフランドルの人々に好まれた装飾的風景や説明的なエピソードを廃して、荒々しくも鮮やかな色彩を使った豪華絢爛なバロック・スタイルを確立した。彼は多くの画家に影響を与えただけでなく、タピストリーへの影響も絶大だった。ルーベンスは織師

「使徒行伝」の「漁猟の奇跡」（部分）　ドゥカーレ城美術館所蔵

達の要求に従うことなく、自らのスタイルを貫いた図を提案した。絵画的なタピストリーは、当時の趣向と合致していたのだろうか、人々に新鮮さを感じさせたようだ。

シルエットをぼかして人物を周りに溶け込ますというような絵画的な形式も、多くの色彩を使うことによって可能になった。織師は試行錯誤の末に何とかそのような下絵をもとに織り上げたのだ。そのために従来のタピストリーにあった、織物独自の色彩のコントラストの素晴らしさを失うこととなった。

イタリアのマントヴァにあるドゥカーレ城美術館で、「使徒行伝」の連作をみた。たまたま出会ったので、なぜあの有名な作品がここにあるのかと思い、びっくりした。

これは、システィーナ礼拝堂に掛けられた約四十年後に、イタリアのゴンザガ家の注文により、同じ下絵を使ってつくられたものだった。更にこれより約五十年後にはイギリスで同じ作品がつくられたと、館員が説明してくれた。コピーといえどもオリジナルと見まちがわれることも多いらしく、素晴らしい。力強さがにじみでていて、ラファエロの下絵の力をあらためて思い知らされる。

なかでもこの「漁猟の奇跡」は、キリストの弟子が漁にでたが全く魚が獲れなくて困っていたところ、キリストの一声で船いっぱいに満ちるくらいの魚に恵まれた、という奇跡物語の場面で、川と空の青がとても綺麗だ。動きのある鳥の描写、魚を獲る人の筋肉の美しさなど自然と神の恵みへの喜びが生き生きと表現されていて惹き込まれた。

ドゥカーレ城

マントヴァの街にて長女と　2002年

マントヴァの街

「使徒行伝」の部分（上下とも）

ゴブラン

今日、「ゴブラン」という言葉は、精巧で豪華な綴れ織りタピストリーの代名詞のように使われている。ゴブランの名称は、フランドルから招かれた職人達が働いていたパリのゴブラン王立工房からきている。

十五世紀に織り職人が四散したフランスだったが、パリに本格的に工房が復活したのは十六世紀末になってからだ。その頃、フランドルの有能な織師達は、内乱や宗教的迫害を逃れて、北部のオランダや、あるいはフランスへと移住したのだが、フランスは彼らを積極的に受け入れたのだった。

アンリ四世はネーデルラントの工房に競合するような大工房をフランスに創設しようとした。中世から受け継いだ伝統を復興させようとしたかのように、手を尽くしてタピストリー制作を活性化させた。彼はパリのもとイエズス会の建物内に新しい竪機工房を組織したが、それは一六〇八年にルーブル宮に移され、織師達も移住させた。

アンリ四世は一六〇一年、パリの竪機織師達の抗議にもかかわらず、フランドルの横機織師、マルク・ド・コマンスとフランク・ファン・デル・プランケン達を呼び寄せて、パリの南部のサン・マルセル地区に工房を設立した。

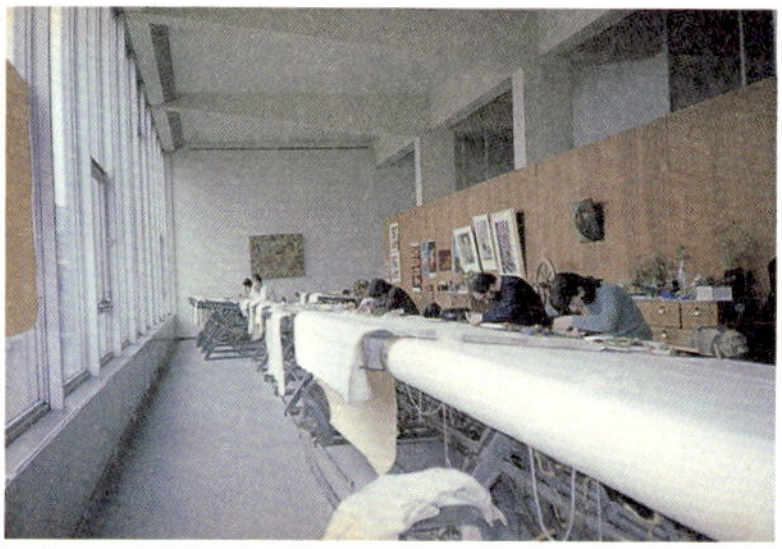

現代のマニュファクチュール・デ・ゴブランの作業光景

ここには、古くから続いた染物師ゴブラン家の館があり、後にここにゴブラン王立工房が設立されることになる。

彼らには貴族の称号や、フランス国内のタピストリー販売に関する独占権などが与えられた。居酒屋を開く権利まで与えられたという。彼らはそこで、その頃ブリュッセルでタピストリーの標準的な織り方となっていた横機（ペダル付きの織機）での技法を弟子に教えた。

その結果、竪機の織り職人と、横機の織り職人との間に競争意識が芽生えた。パリのタピストリー産業が活気づき、フランスではその後ずっとこの両方の織り技法が並存して使用された。

太陽王ルイ十四世の統治下の一六六二年、積極的な産業育成政策をとった宰相コルベールは、パリの諸街区に散在していた竪機、横機を問わずすべての工房を統一して、ゴブラン王立工房を設立した。

ゴブラン王立工房の初代所長となったシャルル・ルブランはルイ十四世の宮廷画家だった。彼の下絵のもと、ルイ十四世の偉業を描いた「国王物語」などさまざまな作品がつくられた。彼は若い時にイタリアで三年間過ごし、強い影響を受けている。管理者としての能力もさることながら、画家としての技術やファッショナブルなイタリア様式がうまく混交して、彼が監督していた間に、ゴブラン王立工房はヨーロッパ中から注目されることになった。

そしてフランスのタピストリーが、ヨーロッパのなかでも優越性を得ることとなった。

ひと頃は日本でもタピストリーの代名詞のように使われた「ゴブラン織り」という名は、本来ここでつくられたものだけをさす。以後三百年あまりの間、「ゴブラン」と呼ばれる贅沢で華やかなタピストリーが制作されることとなった。


ゴブラン製の「シャルル・ルブランによる王家の城のための壁掛け」をボーヴェ織物美術館で見た時、今まで見てきた中世のタピストリーとは違った感じを受けた。

よく考えると、織物であるにもかかわらず、手前におかれた静物、後ろの風景には馬に乗った人、と遠近法を駆使して色あざやかに「描かれている」からだと気づかされる。静物の下にかけられている布も、実に写実的に表されていて見事だ。

さらに美術館に列品された十八世紀の絵画化したタピストリーのなかにあって、この作品には織物そのものの「ほのぼのさ」も残されている。その微妙なバランスに不思議な感じがしたのである。

ゴブランを中心とする当時のタピストリー表現の変化は、その時代の人達にとっては斬新だったであろうと容易に想像できる。しかし一方で絵画との境界線がどんどんなくなりつつあったことが手に取るようにわかったのである。

「シャルル・ルブランによる王家の城のための壁掛け」
17世紀ゴブラン制作　ボーヴェ織物美術館所蔵

絵を写したタピストリー

タピストリーはルネッサンス絵画の波を受け、どんどん絵画的になる。タピストリーの下絵は、織り職人の手ではなく画家によって手がけられることとなり、ほとんど全ての著名な画家達がタピストリーの下絵のデザインを試みた。

また絵画を第一級とみなす考えが台頭してきたので、織り技術に考慮したデザインより、いかに絵画に忠実に織るかが重要視されるようになった。

もちろんはじめは織り職人達もいろいろと抵抗していたのだったが、時代の流れには逆らえなかったのだろう。おりしも中世から十六世紀までタピストリーが発達し、技術がますます精巧になり、使われる色数もどんどん増えていっていたなかで、細かい技巧が必要となる絵画的タピストリーに、織師達も自らの手腕を見せるべく挑む、という気持ちもあったのかもしれない。

しかしその反面、タピストリーの独自性はなくなってしまった。技術だけはみせつけるが、美術的には絵画に従属してしまうことになったのである。それでもおよそこの波の最中にいる当時の人々にとっては、タピストリーという伝統が、絵画という芸術と組み合わさることに、満足していたに違いな

「月、季節とエレメント」の内の1点
南ネーデルラントの統治者レオポルド・ウィルヘルム伯爵のために17世紀中頃ブリュッセルで制作
アムステルダム国立美術館所蔵

い。

このような流れはヨーロッパ南部から始まったといえるが、十七世紀後半から十八世紀にかけてフランスがフランドルやネーデルラントを凌駕しタピストリー産業を担っていった時には、さらに強固なものとなり、タピストリー全体に絵画志向を定着させることとなった。以前の平面的ではあるが生き生きとした装飾的なタピストリーとは全く異なるものになっていった。

織り職人達は、絵画的な下絵以外のものを織らなくなり、タピストリーの制作において画家の地位が主導的になった。下絵はスケッチというより詳細な絵画そのものになり、形やトーン、色など全てが画家によって決められ、織師の創造性を発揮する場が失われた。

タピストリーは繊細さや色の組み合わ

せ、描写の緻密さで絵画と競い合うようになる。絵画に負けないようにするため、それまでよりもずっと豊富な色糸を用いた。中世の偉大なタピストリー、例えば「アンジェの黙示録」では約二十色の糸しか使われていない。一方、十六世紀の織師は三百色かそれ以上使っている。ゴブランの工場で使う色数は、赤色だけで百五十色、青色が二百色ともいわれる。

染料は絶えず改良されてはいたが、織師達は下絵を描いた芸術家の指示に従わなければならず、下絵を忠実に再現するために、褪色しやすい薄い色やぼやけた色も我慢して使わなければならなかった。

そうしてタピストリーは絵画のコピーとなっていき、さらには勃興してきた中産階級の嗜好や、産業革命の影響などにより、つくられるものの質が違ってきた。ヨーロッパの伝統工芸として、素晴らしいとされる作品はその後もずっとつくり続けられたが、その間の事情は、本書では割愛させていただくことにする。

その後の歴史は、第三部「現代のタピストリー」で見てみたい。

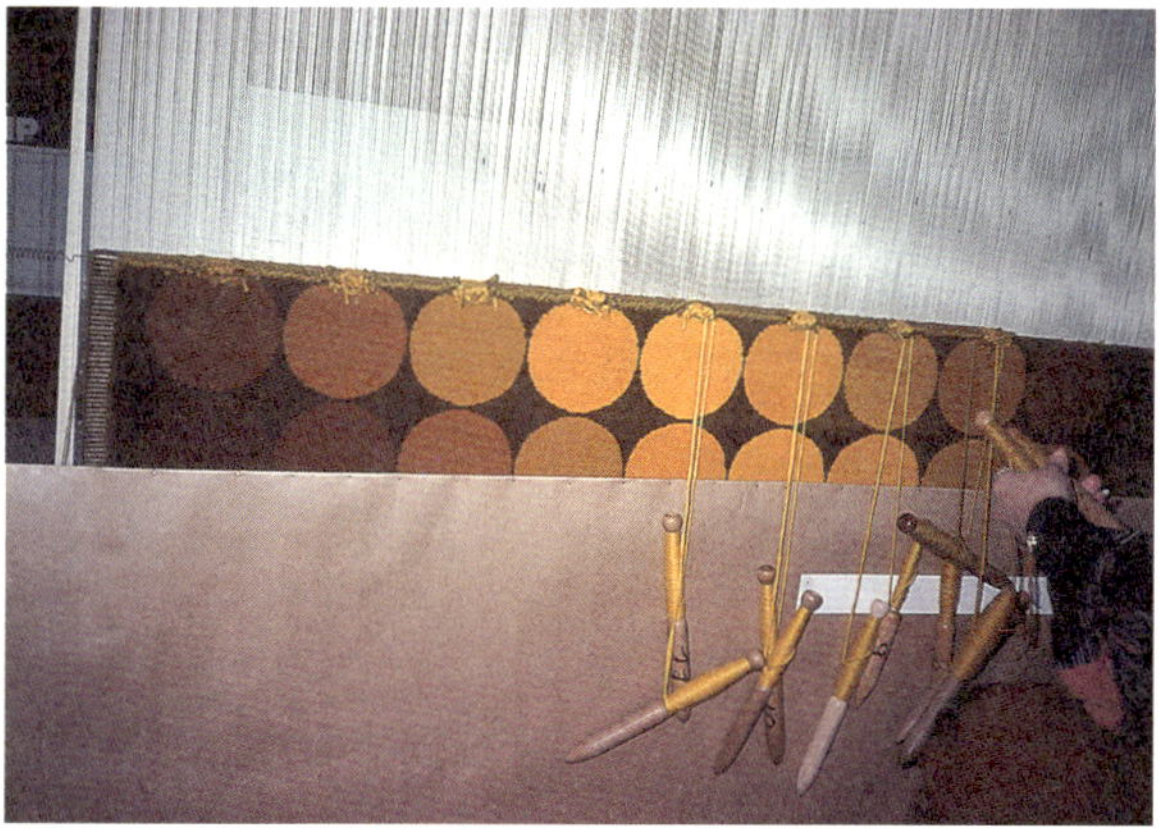

現代のマニュファクチュール・デ・ゴブランの竪機作業の光景（上下とも）

第二部　日本文化とタピストリー

祇園祭

私は京都中京、西洞院四条上る蟷螂山《とうろうやま》町に生まれ育った。

染織文化の中心、呉服の問屋街は室町通で、室町通の西、西洞院通から堀川通までの一帯が祇園祭を担ってきた地域だ。室町通界隈は旦那衆と呼ばれる富商老舗が軒を連ねていて、隣接する西洞院通は、染織に携わる職人、特に染匠達が腕をふるっていた地域であった。

私も幼い時には、自然に祇園祭に浸っていた記憶がある。最近になって山鉾町に足を踏み入れると、昔の面影は無くなっていて、記憶と現実との差に唖然とさせられる。幼い日の知り合いも、もうほとんど町の中心には住んでいない。私の記憶は夢のようにも思われてくる。

先祖代々受け継がれてきた祭を守っていくのは並大抵のことではない。京都は幾度もの戦火や火難、災害などに見舞われてきた。町衆達は、なんとしても継承しなければという強い情熱と努力で、親から子へと祭を伝えて維持してきた。おかげで、私達は質の高い文化に触れて成長することができた。

どのようにして、祇園祭が生まれたのだろうか。

祇園祭・蟷螂山（前は筆者）　写真：KBS京都

祇園祭・長刀鉾辻廻し
写真：京都新聞社

祭には疫病などに対する供養の意味があった。京のみやこは、唐のみやこ長安をまねて碁盤の目につくられた、きわめて人工的な都市だ。鴨川の流れを人工的に変えるため、大規模な土木工事を行い、曲がりくねった川の流れを直線的なものへとつくり変えた。木々は伐採され、跡にはたくさんの水溜まりやぬかるみができていた。京では疫病が多発したという。

迷信深い当時の人々にとって、疫病は政治上の敗北者達のたたりであると信じられた。怨霊をなぐさめて、都市災害から身を守りたいという思いから、「御霊会《ごりょうえ》」という祭が営まれた。全国に疫病が流行した八六九年に八坂で行われた「祇園御霊会」が、祇園祭の原型だと言われている。

「祭といえば賀茂の祭をさす」と言われる賀茂祭（葵祭）は朝廷によって主催されるが、祇園祭は町人衆によって担われる。最初は祇園祭も、歌い踊る「田楽」のようなもので、人々は音楽を奏でて踊った。様々な衣装が使われ、趣向が凝らされた。

経済活動が発展するにつれ、次第に町衆が趣味性を競い合う場へと祇園祭は変化していった。古くからのものを受け継ぐ儀式的な意味よりも、むしろ豪華さと新奇さを主体とし、この美学は現在でも「風流《ふりゅう》」と呼ばれる。町衆は世界の隅々から優れた染織品を買い集め、富力の限りを尽くして山鉾を飾り立てようとした。そうして今日の祇園祭ができあがっていった。

祇園祭・長刀鉾巡行　写真：京都新聞社

町衆の情熱

祇園祭の山鉾は、千百年以上の歴史を誇る。最初の頃は鉾にも「幡《ばん》」(仏教で使う、飾り用の旗)を飾っていた。鉾は幾度も火難にあい失われたが、復興のたびに豪華さを増していった。

なかでも函谷鉾《かんこぼこ》は、宝永大火後の再興の際(一七一八年)山鉾のなかでは最初に「天竺織り」つまり西洋のタピストリーを用いた、と言われている。この十六世紀半ばのフランドル製タピストリーは現在に至るまで函谷鉾の前掛として使われている。

このタピストリーの図柄は、旧約聖書の創世記第二十四章の説話より題材が採られている。アブラハムの息子イサクの嫁選びの場面で、水を喜んで与えてくれた水汲み娘こそがイサクの妻になるというものだ。

上部は、村の入り口の泉で、アブラハムの老僕がナホルの町の美しい娘リベカから泉の水を汲んでもらっている場面だ。右上方には小さく、驢馬に乗ったイサクの姿が見える。下部は上部の場面の続きで、老僕が金の腕輪をリベカに渡している場面である。

函谷鉾前掛「アブラハムの子イサクの嫁選び」

タピストリーは説話に基づく何枚かのシリーズとして織られることが多かったものの、一枚のタピストリーのなかにこのように二つの連続した場面がはっきりと区切られて織り込まれているのは珍しい。

江戸時代にこのタピストリーを所持していた町衆達は、もちろん旧約聖書の説話を知っていたわけではなかった。

だから彼らは、このタピストリーのなかの老僕が手にしている壺の中身が水であるとは知らずに、お酒であると思っていたらしい。彼らは、この場面を、人々が楽しげに宴を催して、お酒を酌み交わしている、と解釈していた。『山鉾由来記』という書物には「もやう天竺人立上り酒宴拳などする体　水瓶馬等のたぐひ。その外樹木山岳甚多し」とある。町衆達はこの図柄を喜んで、なんとお祭にぴったりのめでたい図柄ではないか、と思って山鉾に掛けていたのだという。

このタピストリーの図柄の出典などが明らかにされ、重要文化財指定となったのは一九七〇年と遅かったのだが、日本に現存するタピストリーのなかでは最も美しい作品の一つであると思う。

長刀鉾

山鉾巡行は毎年七月十七日に行われる。三十二基の山鉾の先頭をきって巡行するのは、なんといっても長刀鉾だ。

山鉾巡行の順番は、毎年くじ引きで決められる。長刀鉾は「くじ取らず」といって、先頭であることが定まっている。長刀鉾の鉾頭には、疫病除けの大長刀が付けてあり、祇園祭の起源に由来する。長刀鉾の上で、毎年選ばれるお稚児さんがしめ縄を真剣で断ち切る儀式から、巡行が始まる。

鉾の胴掛には、華麗かつ重厚で力強い織物がふさわしい。この長刀鉾の胴掛は、「玉取り獅子の図」と呼ばれる絨毯だ。

山鉾の世話をする町人衆は、代々染織を生業とする人達が多かった。それだけに、彼らは審美眼に恵まれ、先鋭な神経の持ち主であった。進取的で豪胆な気迫を内に秘めた彼らが集めた豪華絢爛な懸装品には、風流のこころが今も息づいている。

この絨毯のパイルは左開きのペルシャ結び技法で、この作品は十六世紀初頭に中国近辺でつくられたと考えられている。祇園祭に使われている中国近辺でつくられた一群の絨毯は、ほかには世界中に一点も残っていない種類のものらしく、その生産地が特定されていない。この貴重な一群の絨毯のなかでも、特にこの作品には魅力があると私は感じる。

図柄は、おめでたい子々孫々の健康と繁栄の意を表している。中国に伝わる伝説によると、雄雌二頭の獅子が相たわむれ、その脱け毛が毛球となり、そのなかから子獅子が生まれる、という。なんとかわいらしく、楽しげな図柄であることだろう。言いようのない魅力が端々からほとばしる。周りはアラビア文字の文様化で、西アジアの文字と東アジアのデザインとの組み合わせが珍しい。色彩もなお鮮やかに冴え渡っている。

京都市民の生活において、祇園祭とは、祝祭としての奔放な喜びに満ち溢れたものであったことを、まるで象徴しているかのような秀逸な作品だ。

巡行のダイナミズムもさることながら、宵山の光の中に響きわたるコンコンチキチンコンチキチンの祇園囃子《ぎおんばやし》のなかで、この子獅子たちは何百年も無心にたわむれてきたことだろう。

長刀鉾胴掛「玉取り獅子の図・アラビア文字額」

屏風祭

昔は巡行でも使われていたが、現在では屏風祭だけでしか見られない作品もある。「芦刈山古前掛」もそのひとつだ。

屏風祭とは、祇園祭の宵山の日に、家のなかを屏風や書画、染織品などで美しく飾り、道行く人々に開放する慣習のことだ。屏風祭は祇園祭の大きな見どころとなっている。江戸時代に始まり、俵屋宗達や狩野探幽などが筆を執った名品も多く、この日限りの私設美術館とも呼ばれている。

この前掛は、タピストリーのボーダー（縁の部分）を四枚組み合わせて仕立てたのだと私は考えている。

古くはタピストリーには縁がなかったが、前述したように、しだいに絵画の影響を受けて、額縁のような文様が織られるようになった。江戸時代の町衆は、この縁の文様に興味を惹かれたのだろうか。思えば私自身も、以前はヨーロッパ・タピストリーのリアルで時におどろおどろしい図柄に正直言って馴染めないことが往々にしてあり、むしろ縁の部分の文様に見とれていたのを思いだす。

タピストリーは町衆にとっては完成品というより「素材」として見なされた。図の真んなかからバサッと切ったりして使っている。当時ははさみが無かったので、のみで切ったはずだ。そうして切っていったものを上手に組み合わせ、巧妙につなぎあわせて、彼ら独自の美学で仕立て上げているのが面白い。

祇園祭の懸装品は、最後には必ず鮮やかな深紅の縁取りをつけて、独特の祭道具として仕立てられた。祭には赤がふさわしい。「猩々《しょうじょう》緋《ひ》」と呼ばれるこの真っ赤な色の縁取りには、地の厚く密な羊の毛織物であるラシャを用いる。町内が取り上げたあらゆる時代の染織品を、山鉾の寸法に合わせて仕立て上げることを「新調」と称した。

芦刈山前掛には、サインもマークも前面に現れていないだけに疑問点が残るが、ブラバン・ブリュッセル製であるらしく非常に美しい。『祇園会山鉾大鑑』（一九七七年　八坂神社）によると、「その図様は全面的に小模様にして小さき洋館を望み樹林と緑草に配するに象、鹿、等の動物と鵞《がちょう》、七面鳥等の鳥類を以ってしている。色調は緑黄を主としたる濃彩明色にして陽光の燦然たる有様を感ぜしめる、蓋しゴブラン織り中の逸品に属するものである」とある。いかなる理由があったものか後（一八三二年）に芦刈町が譲り受け、四幅の前掛に仕立て上げたという。

かつて日本有数の財力のある人々が蔵のある家に住んだ、そのなごりが屏風祭だ。受け継がれる伝統のかたわら、原型を失っていくものがあり、その姿は時代とともに流れてゆく。

芦刈山古前掛「花飾り立涌文様」
16世紀ブリュッセルで制作　1832年新調

部分

森毅氏への取材時

組み合わせの妙

初めて京都を離れ、オランダに滞在した時、タピストリー作家のショルテンが、「日本の文化は〈組み合わせ〉をすることだ」と私に言った。彼が何を言いたいのか当時はよくつかめなかったけれど、鮮やかな印象として残った。

祇園祭についてお話をさせていただいた折に、数学者の森毅氏はこう言われた。「京都って街は世界からいろんな人がきたし、みやこですから日本中からいろんな人が入ってきて、なんでもおもしろい物を取り入れてきた街やと思う。入ってきた物をうまいこと取り入れるのが問題で…いろんな時代のいろんな国の物が時間と空間を限定されずに混ざり合っているのが元来文化やと思う」。この時私ははっとした。何か心に引っかかっていたことが、ようやく納得できた気がした。

祇園祭のタピストリーを見ると、日本人がどのように西洋の作品を自分達流に取り入れたかがよくわかる。

西欧中世の物語に基づくリアルな叙事性ではなく、素直に美しさを求める感性。完成した作品が持っている完結性を無視して、それをばらばらに解体し、独自の美意識で純粋に感覚的な美術品に再構成する趣向。

京都の町衆の「風流《ふりゅう》」の美意識は、西洋人から見れば、首尾一貫性や観念性に欠けているようにも思われるかもしれない。芸術性にはいろいろな方向がある。


祇園祭の鯉山前掛は、芦刈山古前掛と同じく、ボーダーの部分を短冊状に四枚組み合わせている。これは日本人の、あるいは京都人の感覚なのだろうか、純粋に感覚的な目で見て非常に美しくできていると感ぜられる。

鯉山の見送り幕、前掛、東と西のそれぞれの胴掛、の四つの懸装品は、もともと一枚の大きなブリュッセル製タピストリーである。胴掛二枚には、左右に龍の文様をかたどった中国製婦人服がつなぎ合わされており、組み合わせの妙が生かされている。

鯉山胴掛「イリアス‘アポロン像を礼拝するプリアモス王とヘカベー’」裁断（部分）
16世紀ブラバン・ブリュッセルで制作　1793年頃新調

鯉山前掛

解明された来歴

山鉾を豪華に飾るのは祇園祭ばかりではない。各地の曳山祭でも染織品が山車《だし》を飾っている。滋賀県の長浜曳山祭と大津祭には、祇園祭と同じく、多くの西洋のタピストリーが使われている。

興味深いことに、もとは一点のタピストリーだったものがいくつかに分割されて、これら三つの祭で別々に使われたりもしている。

長浜曳山祭を訪れると、先に行く曳山の典雅なブリュッセル製タピストリーが真っ先に目に飛び込んでくる。はるかヨーロッパの希少なタピストリーが、天日にさらされて輝いている。あまりの保存状態の良さに、思わず「これは本物か？」という質問が口をついた。

十六世紀中期にブリュッセルで作製されたこのタピストリーには、「エッグ・アンド・ダーツ」のボーダーが明瞭に見て取れる。ベルギーのブリュッセルがタピストリーの一大中心地として品質の高さを誇っていた頃、タピストリー下部の織り耳にある「ＢＢ」（ブラバン・ブラッセル）のイニシャルと狭いボーダー「エッグ・アンド・ダーツ（卵と投げ矢）」の特徴は、全ヨーロッパの憧れの的だった。

鳳凰山の見送り（後ろに掛ける胴掛）として仕立てられた「貴婦人図」は、祇園祭の鶏鉾の見送りと対をなしている。長浜の鳳凰山の見送りと、祇園祭の鶏鉾の見送りとは、もともとは一枚の大きなタピストリーだった。出陣するトロイの王子ヘクトルと妃アンドロメーシュの別離を惜しむ場面で、鳳凰山のものは妃の部分で、鶏鉾は王子の部分だ。

分断される前の大きな一枚のタピストリーは、実は五点セットのタピストリーのなかの一枚だ。ホメロスの『イリアス』を五場面で表したこのセットは、五点すべてが日本に伝来していたことがわかっている。これらは十七世紀伊達政宗の家臣・支倉常長が遣欧使節としてローマ法王に謁見した時に法王から贈られたものだ。

それからどのようにして祭に使われるようになったのだろうか。キリスト教禁止などの諸々の理由があったのだろう、最近までなかなか来歴が明らかにはされなかった。

伝来品五点のうちの三点は、会津の天寧寺から京都の天寧寺へと運び込まれた。これらが祭の飾りとして使われることになって現在に至っているのだが、一点は前述したように、長浜の鳳凰山と祇園祭の鶏鉾へと使われた。また、大津祭の月宮殿山を飾っている「トロイ陥落図」は、祇園祭の白楽天山のものと同一のタピストリーから裁断されている。さらにもう一点に関しては、裁断された全部が祇園祭の鯉山に使われている。

五点のうち残る二点は、三代将軍家光の時に、将軍家に献上されたものと考えられている。かつては東京、芝の増上寺にこのうちの一点があったが、火事で焼失した。残る一点は、加賀藩前田家所蔵の「パリスとメネラーオスの妃ヘレネー」で、五点のなかで唯一、裁断されずに完全なかたちのまま残っている。

長浜鳳凰山見送り幕「貴婦人図」　16世紀後半

長浜曳山祭

浜縮緬《ちりめん》や浜ビロードなどの生産集散地でもあり、「近江商人」という言葉もあるように、昔から財力に恵まれていた長浜は、高価なタピストリーをも手に入れていた。長浜曳山祭の十三基の曳山を飾る懸装品は、総計で約三百三十点あり、そのうち五点は、ヨーロッパ製の毛綴れ織りだ。

長浜曳山祭の翁山を飾るタピストリー（「翁山飾毛綴」）はブリュッセル製ではなくて、その近郊のオードナルド製だ。龍村美術織物㈱の調査によると、経糸の密度が一センチあたり八～十二本のブリュッセル製に対して五本とやや粗く、色彩も褪色した赤色や青みがかった緑色など特徴をもっている。

ブリュッセル製の連作五点に関する伝来のいきさつは、先ほど述べたようにある程度明らかになっているが、「翁山飾毛綴」の伝来は、まったく謎に包まれたままだ。

図柄自体、何を表しているかも、トルコとベネツィアが戦った際の講和の様子だという説と、旧約聖書のダビデ王の物語だという説があって、定かではないのだという。

このタピストリーは、加賀の豪商・銭屋五兵衛の手を経て購入されたと伝えられている。購入後、曳山の大きさに合わせて、効果的な文様配置や構成をねらって主要部を切り抜き、見送り幕として改作された。裁ち落とされて残った縁切れは、つなぎ合わせて「貴婦人図曼荼羅」と名付け、さらにもう一枚、見送り幕がつくられたことがわかっている。

長浜は豊臣秀吉と深い関わりがある。曳山祭も、秀吉が長浜城主であった頃、男子が誕生したのを祝って町民に砂金を与えたのが資金となって始まったと伝えられている。この曳山祭は、江戸幕府への批判の意をも込めた、秀吉信仰の一形態であったとも考えられている。

長浜翁山見送り幕「二人の武将図」
16世紀中頃-17世紀初め

絨毯

祇園祭では、タピストリーの他にも、舶来の絨毯が大量に使われている。一般にも、ペルシャ絨毯は、敷物としてだけでなく、タピストリーのように壁に掛けて楽しまれている。

信楽の山の奥深くにあるＭＩＨＯ ＭＵＳＥＵＭには、世界中の素晴らしい美術品がコレクションされている。特に、数多くの西アジアの美術品が目をひく。なかでも素晴らしいのは、長さが六メートル近くある、羊毛のペルシャ絨毯だ。

近くで見ても綺麗だけれども、少し離れたところから見たほうが、余計にその美しさがよくわかる感じがする。私はこの絨毯を見て、祇園祭などでなぜタピストリーや絨毯などの織物が使われたのかの理由がよくわかる気がした。遠目に栄えるのである。

夏はセ氏五十度に、冬はマイナス四十度以下にもなると言われる寒暖の厳しいペルシャの高原。厳しい環境で育つ羊の毛で、丹精込めてつくられる立派な絨毯。

円形の枠の飾りや文様（メダリオン）の絨毯は、イランの宮廷工房で制作された。メダリオンの絨毯に織りだされているモチーフは多様だ。狩猟あるいは合奏をする貴人や天使、フール（永遠の処女）達。そして、イスラムではめでたい兆しの意味をもつという孔雀と魚、また中国でめでたい兆しの意味をもつ龍や鳳凰、麒麟といった、様々な空想の動物が見られる。このような文様の絨毯は、この作品の旧所蔵者である王家の名にちなんで「サングスコ」と呼ばれ、類似する作品は世界でも十五点ほどだけ存在が認められているという。

なかでもこの絨毯は、長さ五九四センチで幅三二〇センチにも及ぶ寸法に加え、まさに制作されたばかりかと見まがうほどに保存状態が良い。この作品には、獅子や羊、鹿など実在の鳥獣が闘争している描写もあり、写真で拡大した部分では、噛んでいる動物自身が相手にまた噛まれている様子が描かれている。

イランでは、タマスプ皇帝（一五二四〜七六年）がこのようなモチーフを好んだと言われる。しかしアッパース一世（一五八八〜一六二九年）は花模様を好み、それによって次第に花模様が主流になったらしい。

見るものをどこまでも魅了するこの最上品は、信楽の神々しい山々の懐に抱かれた美しい展示室のなかで、神秘的な輝きを放っている。

「メダリオン・動物文絨毯」 16世紀末-17世紀初頭　イラン・ケルマーンで制作
滋賀県・MIHO MUSEUM所蔵

「メダリオン・動物文絨毯」（部分）

西陣の綴れ織り

十八世紀まで山鉾懸装に使われる染織は、舶来品が主だった。中国の綴れ織りや朝鮮の毛綴れ織り、東南アジアの更紗、エジプトやトルコ・インド・ペルシャの絨毯、ベルギーやオランダ・フランスのタピストリー、イギリスの織り絨毯など、ありとあらゆる地域の優れた染織品が使われている。単に舶来という受動的なものではなくて、京都からインドにまで発注してつくらせていた事例もあるらしいが、世界各地でつくられたものが使われていたのだ。

西陣は、その時代その時代の優品を貪欲に吸収してきた。頂点への意気込みが感じられるものを織り、高度な技術を誇ってきた。彼らがこれら外国の染織品を見て、刺激を受けたことは想像に難くない。

今では綴れ錦といえば西陣という通念さえあるものの、日本で「綴れ織り」を織り始めたのは、比較的新しい。祇園祭装飾用に見立てた渡来の染織品の素晴らしさに刺激されて、江戸時代後半に始まった。

「西陣天狗筆記」という史料によると、綴れ織りの技法は早くに中国から入ってきていたが、その後長らく日本では途絶えていた。祇園祭のために中国から渡ってくる綴れ織りの作品に刺激されて、再び織られるようになったらしい。そうして、現在でも西陣を代表する綴れ錦が成立したのだった。

ちなみに、日本で「絨毯」が織り始められたのも、江戸時代後期からだという。祇園祭が現在の形を整えてきた五百年程前には、日本で羊を飼う習慣はなかった。毛糸で織られた重厚感あるパイルの絨毯は、見たことも無いものだったに違いない。当初、中国からのどちらかといえば単彩の作品が入手され、後には華やかに色彩が満ち溢れるペルシャ絨毯が珍重されるようになった。

祇園祭に使われる九百枚とも推定される全懸装品の約三分の一が、渡来染織という。近世以前は中国を中心とした東洋の異国趣味、大航海時代に入ると西洋も含めた異国趣味と、その時代によって入ってくる品々が変わっていくが、時を越え場所を越えて伝えられた逸品の数々が合わさって、「動く染織博物館」と呼ばれるようになった。

これらの品々は、神の依代《よりしろ》を飾る神聖なものとして各町内の土蔵で大切に保存されてきた。それぞれの国ではもはや失われてしまっているものも多く、きわめて多くの海外の優品を網羅する、世界的に注目される一大コレクションになっている。

月鉾前掛「メダリオン中東連花葉文様絨毯」 17世紀前半　ラホール（パキスタン）で制作

月鉾胴掛「中東連花葉文様絨毯」 17世紀初め　ヘラット（アフガニスタン）で制作

京都と祇園祭

京都の室町通界隈は、かつて染めの問屋街として隆盛を極めていた。問屋を抱えている旦那衆の財力はすさまじいものだった。

中京一帯には、手描き友禅の工程およそ二十種それぞれに関わる職人さんばかりが住んでいた。各工程がプロフェッショナルだからこそ、卓越した技術に裏打ちされて、精緻で華麗な美が脈々と受け継がれてくることが可能だった。

現在では、各工程の専門の職人さん達を確保することすら大変になってきた。親方—弟子の関係による職人の後継者養成システムが継続できなくなってきている。

四十代の友禅師が私に、「二十工程をそれぞれ二、三軒ずつの職人さんを使うとして、全部で四、五十軒の職人さんと関係を持っているが、その全てが自分より年寄りなので将来どうなっていくのか不安だ」とため息をついた。

祇園祭は、「動く染織美術館」とさえ呼ばれるほどに文化の粋を極めていた。旦那衆や職人達があってこその祇園祭だった。現在は、この周辺はどんどんマンションなどへと変わっていっている。

祭を支える現在の町衆からは、「住人が増えるのは祭のためにもええことや」という声も聞かれるけれども、旦那衆の莫大な寄付によって支えられてきたシステムが、変更を余儀なくされているのは確かだ。

日本の染織文化はいかに素晴らしく、水準が高かったのか、その一端を垣間見られるのが京都・祇園祭である。現在の若者達も、着物が結構好きなようだし、すでにいろいろな新たな試みが始まっている。私も、「なんでもおもしろい物を取り入れてきた街」京都の、未来の「風流のこころ」へと思いを馳せる。

KBS放送祇園祭山鉾巡行にて　2001年

第三部　現代のタピストリー

1 タピストリーの復活

ウィリアム・モリスからアニー・アルバースへ

タピストリーは中世からルネッサンスにかけて、ヨーロッパにおいて芸術の主役だった。この織物は平織りの変化形である綴れ織りを使ってさまざまな絵画的文様を表現できる。しかしルネッサンス以降絵画技法が発展するにつれて、次第に絵画のコピーへとなっていき、タピストリーは芸術の脇役となっていった。十九世紀のフランスの文学者ゴンクールはこう書いている。「タピストリーは凋落した芸術だ。それは絵画の気の抜けた薄汚い模倣の作業でしかない」。

こういった考え方に対し、異議を唱えたのは、当時文化的に最先端だったイギリスの、ウィリアム・モリス（一八三四〜九六年）だ。彼は叙事詩「地上楽園」などを書いた詩人でもある。

モリスは、近代工業によって廃れてしまった伝統的な手工業の保護・救済という社会運動の一環として、タピストリーの復興を試みた。彼は自分自身の手でタピストリーを織ることまで実践して、思索を練った。タピストリーを絵画の模倣から救うために、色数を減らし遠近法を放棄することなどを提案し、タピストリー本来の魅力を取り戻そうとした。

カーペット
グレーテ・ライヒアルトの作品
1929年
バウハウスDessau財団所蔵

バウハウスの織
ルート・コンゼミュラーの作品
1930年
ベルリン・バウハウス史料館所蔵

モリスが目指したのは、身の周りに綺麗なものを置くことによって庶民の生活の質を改善するという実用芸術だった。そのような美しい織物をつくることを目指す運動は、イギリス以外の国へも影響を与える。二十世紀前半にこの運動の中心となったのは、ドイツのバウハウスの作家達だった。

バウハウスは、オランダにおけるデ・スティル運動の影響を受けた。オランダの画家テオ・ヴァン・ドゥスブルクと建築家リートフェルトによるデ・スティル運動は、美術や建築・デザインというジャンルの解体と新たな総合を目指した活動であり、三原色と無彩色及び垂直線と水平線の構成により、純粋で優れた造形作品を生みだした。ドイツのバウハウスも同様だ。

バウハウスの織り手達は、素材から汲みでた美しさをごく自然に追求し、ミニマルな構成主義的表現が織物そのものの組織が持つ特徴と合致することによって、織物独自の構造を活かした作品をつくりだすことに成功した。彼らの美意識は、同時代のパウル・クレーやカンディンスキーの幾何学的な絵画とも深い関係を持っている。

私が好きなドイツの織り作家アニー・アルバース（一八九九～一九九四年）やグンタ・ステルツル（一八九七～一九八三年）らは、素直な感覚で色彩の美しい織物をつくっていた。それは芸術的表現を重視したというよりは、むしろ軽快で感覚的なものである。従来の見方では「工芸的」と見なされてきがちだったが、私は彼女らの作品は二十世紀の芸術のなかで重要な役割を果たしたと考えざるをえない。

アルバースらはバウハウスにおいて織物の可能性を探っていたのだが、彼女らは個人的な表現の主義主張としてではなくて、むしろ人々の生活を豊かに楽しくしていこうという素朴な気持ちを重視して創作活動をしていた。

私は、アルバースらの理念は、今なお到達されていない大きなテーマだと思っている。織物というものがもつ独自の魅力の追求と、人々の生活を豊かにする芸術という理念は、現代の織り作家にとっても、大きな課題であるだろう。

アニー・アルバース「Wandbehang」 1926年　ベルリン・バウハウス史料館所蔵

ジャン・リュルサのビエンナーレ

一方、かつてゴブラン王立工房の名声を誇ったフランスでは、かえってモリスのような新しい考え方は理解されにくかった。

それでも、二十世紀中頃にモダン・タピストリーの中心となったのはフランスである。フランスの画家ジャン・リュルサ（一八九二～一九六六年）が、タピストリーを絵画のコピーから独立させて、下絵をタピストリーのために構想し中世の技法を復興することを目指して動き始めた時、モダン・タピストリーはついに盛大に開花した。

リュルサは最初、画家を志し、ゴーギャンの影響の強いナビ派と呼ばれる一派に属して活躍していたが、フランスの偉大なタピストリー「アンジェの黙示録」に強く感銘を受け、中世以来の伝統を二十世紀に復活させようとした。リュルサは織物のための独自の下絵を描いてタピストリーを復興しようとした。したがって彼は織物というものの可能性に注目したというよりは、あくまでも伝統的な手法のタピストリーというものを現代に蘇らせることを考えたといえよう。

しかし彼が強い影響力を持ったのは、彼自身の作品もさることながら、国際的な運動を創始し、展覧会を組織したからである。

彼が創設したスイスの国際タピストリー・ビエンナーレを中心に、個人の芸術的表現としての現代タピストリーの運動が沸き起こった。ビエンナーレの一回目は、リュルサの流れを汲む、中世タピストリーの復興としての平面的なタピストリーが主であったが、二回目以降はもっと意欲的で立体的なタピストリーがつくられていく。このビエンナーレを中心とした運動のなかから、アバカノビッチなど自ら織る織り手達によって、実験的で革新的なテキスタイル・アートが花開くことになる。

ジャン・リュルサの作品

エンリコ・アカティーノとピエロ・ドラツィオ

絵画や彫刻など総合的に創作活動を行う中で、自分独自のモチーフの表現の一つとしてタピストリーもつくっている作家がいる。

一九二〇年生まれのイタリア人、エンリコ・アカティーノは、ローマの地で現在でも旺盛に創作活動を行っている。彼はタピストリー作家ではなく、画家、彫刻家、デザイナーと言うべきなのであるが、何をするにしても、ものすごい愛情を傾ける芸術家だと思う。リュルサが中世的なモチーフを現代的に復活させることによって図案をつくったのに対し、同じく自身は決して織るわけではないけれど、アカティーノはむしろ彼独自の円形

アトリエに立つエンリコ・アカティーノ

の追求の延長線上に図案をつくっている。

彼のライフワークとも言えるのは、円形のモチーフの追求である。グラフィックや絵、タピストリー、三次元の立体など作品すべてにおいて、円や薄くて平らな円形物、楕円などが使われている。それらは多重に交差させることで彼独自の世界をつくっている。

一九七八年に彼のローマのアトリエを訪れた時、中に入って驚いた。作品がところ狭しとあたり一面に溢れんばかりに並んでいたのだ。金属のものや土のものなどあらゆる素材で、タピストリーや版画・絵画などあらゆるジャンルのものが、壁や床、天井や空間一面をジャングルのようにうずめていた。しかもそれらすべてが、彼独自の同じ円輪のモチーフの作品であった。

私は当時オランダで、京都とは対極的な、広々として整然とした空間にぽつりと作品があるというシンプルさを追求した空間感覚に、少しずつ慣れかけていたところだった。そんな折に、彼のざっくばらんで雑然とした、豊穣で陽気なイタリアの感覚に出会い、はっとした開放感と深い共感を覚えた。あまりに造形的な才能と、芸術的な力に満ち溢れていたのだ。

エンリコ・アカティーノ 「Doppio diaframma」 1970年

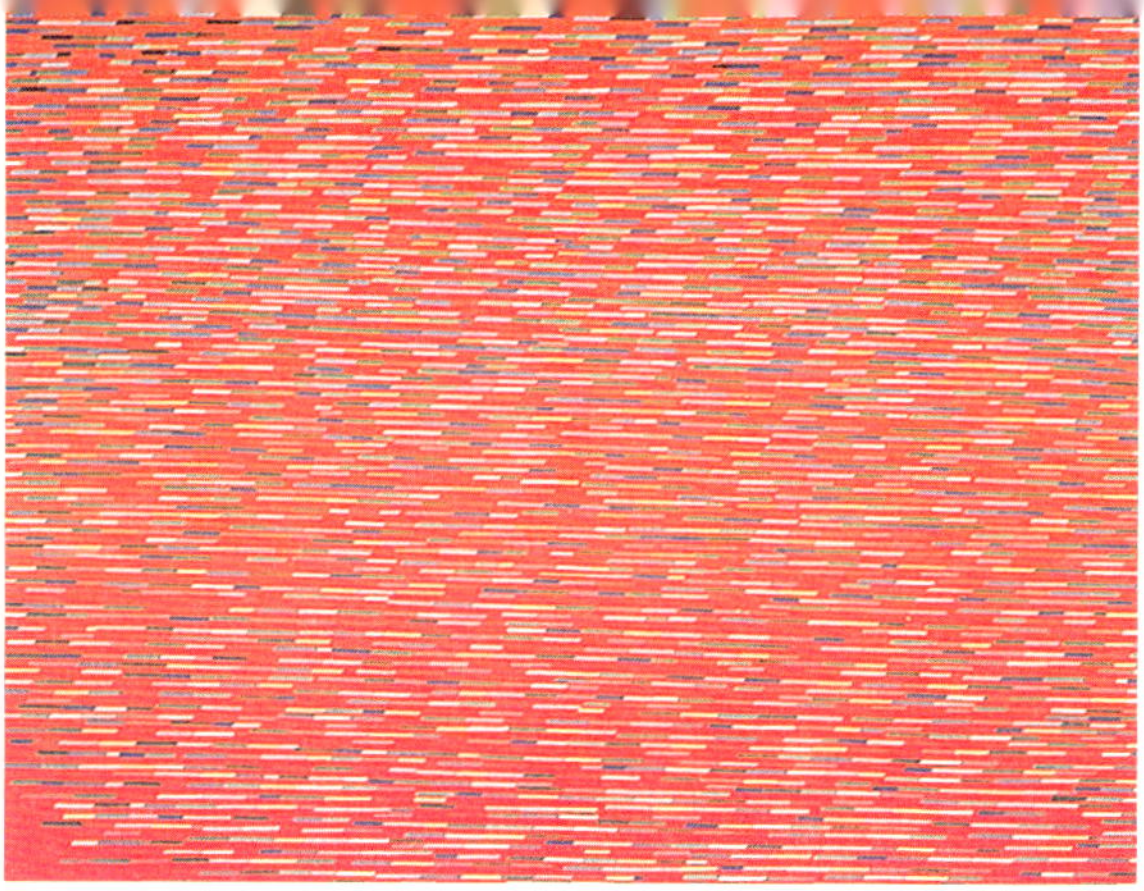

ピエロ・ドラツィオ
「Motu Proprio」 1978年

純粋に画家であるにもかかわらず、現代タピストリーに意外と近いような仕事をしてきた作家もいる。ピエロ・ドラツィオの絵を初めて見た時、私が衝撃を受けたのは、そのためだ。

一九二七年ローマで生まれたピエロ・ドラツィオの絵は、すぐれて織物的である。もちろん織物とは関係ないが、画面いっぱいに色彩を楽しむという彼の姿勢が、現代タピストリーにおいて私が求めていたものと、ぴったりと符合したのだろう。

彼の絵がフランスで織物化されたことがあると聞いた時も、さもありなんと思った。彼はローマで建築を学んだ後、戦後すぐにパリへと移った。その後ローマに戻った彼は、イタリアの戦後抽象芸術のパイオニアと目されてきた。彼はカンディンスキーやロシア構成主義の影響を受けているが、現代の芸術において類を見ないほどの純粋に視覚的・感覚的な色彩画家だ。

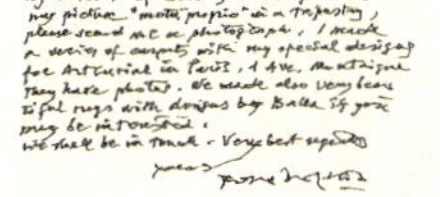
Dear Mr. [illegible],
Thank you for your letter very interesting. your work look great, rather new way of weaving. I had a friend in Paris, Sheila Hicks who was an extraordinary artist. Of course you can reproduce my picture "motu proprio" in a tapestry, please send me a photograph. I made a series of carpets with my special designs for Artcurial in Paris, 1 Ave. Montaigne. They have photos. We made also very beautiful rugs with designs by Balla if you may be interested.
We shall be in touch. Very best regards
yours
[illegible]

ピエロ・ドラツィオからの手紙

2 新しい織り造形

ヤゴダ・ブィッチ

ヤゴダ・ブィッチ1977年個展作品より

東欧のヤゴダ・ブィッチとマグダレーナ・アバカノヴィッチの二人は、一九六〇年代に活動を始め、ヨーロッパ中に旋風を巻き起こした、前衛的な織り造形の旗手である。

二十世紀後半の芸術家達は、大なり小なり彼女らから衝撃を受けた。発表される彼女らの作品のアイディア以上に、「織物」がもつたくましいエネルギーと、若い彼女らの精力的な活動力が、爆発的な力となって人々を圧倒した。

ユーゴスラビア生まれのヤゴダ・ブィッチ（一九三〇年〜）は、一九六〇年代から旺盛な制作活動を情熱的に展開していた。織りの生命感を感じさせる厚いタピストリーを、ジュートやサイザル麻などの荒々しくて粗野な天然素材を用いて、いち早く生みだした。

「前衛のタピストリーとは、織物の原始的な性格へと戻ることだ。素材に対する愛情、素材そのものを、感性のほうに導く行為から生まれるのだ」と彼女は言う。

最初は彼女も平面的なタピストリーを自らの手で織ることから始

同右

めた。その後だんだんと空間性を意識していく。繊維が本来もっている存在感を求めて、人々の感性に訴えることによって、立体的な造形へと変化していった。

一九七〇年代に彼女は言っている。「今日、建築と他の様々な造形芸術との統合という動きがある。タピストリーは、他のすべての空間的要素と共に、単なる装飾ではない。それは空間の中で構成され、ある環境をつくりだす。タピストリーは近代建築の石や鋼鉄などの輪郭の強い素材に対抗して存在している。作品が壁と共にあるということ、壁自体が自分の作品構成の中にあるということを目指す」。

彼女が織るタピストリーは新しい織り造形を展開していった。そして、タピストリーが造形芸術の流れのなかに新たな位置を獲得する先駆けとなった。

マグダレーナ・アバカノヴィッチ

ポーランド生まれのマグダレーナ・アバカノヴィッチ（一九三〇年〜）は、ヤゴダ・ブィッチと並んで現代織物のパイオニアだ。一九六〇年代初期に登場した彼女ら二人は、縄や麻や馬の毛などの生々しく野性的な素材を用いて、もはや壁に掛けるのではない新たなタピストリー造形を打ちだしていった。

とりわけアバカノヴィッチのエネルギーに溢れた作品には、並外れた迫力がある。たまたまそれを見た観客でさえ、強烈な経験をすることは間違いない。新作が発表されるたびに、我々はその迫力に圧倒させられてきた。彼女は造形芸術のなかにカリスマ的な位置を獲得した。

アトリエで製織中のマグダレーナ・アバカノヴィッチ

当時の他の織り作家達は、十九世紀以来の慣習で「工芸」（クラフト）として分類されてしまうことに反発し、タピストリーを「純粋芸術」として認めさせることが闘いの目的の一つとさえ考えていたきらいがある。だが彼女の作品はある意味で飛びぬけていて、芸術のジャンルを問わず全ての人の心を揺り動かすことに成功したと言えよう。

「精神性が表れている」と誰もが感じる彼女の作品は、織り作家だけではなく、現代美術界に強い衝撃を与えることになった。

一九七八年秋、まだ駆けだしの作家であった私が、彼女に会うためにイタリアからポーランドへと出向いた時、不手際で彼女を一時間も空港で待たせてしまうことになった。私は友人から、彼女はなかなか他人を近づけない、と聞かされていたので、非常に緊張していたのだが、彼女は親しく歓迎してくれた。

アトリエで、私は軽率にも、「あなたは現代織物で、世界の芸術の最先端をいく偉業をなしとげることがどのようにしてできたのか」と思わず尋ねてしまった。彼女は私の目を見つめて優しく、「そんなの何でもない。ただ、作品で得た収入を次の作品につぎ込んで、仕事を続けてきただけだ」とこともなげに言った。彼女は将来に不安を抱いていた若い私を誠心誠意励まして

マグダレーナ・アバカノヴィッチ「空間における黒と茶色のコンポジション」

くれた。

一九七〇年代の作品である「空間における黒と茶色のコンポジション」は、だだっ広い室内の高い天井から床にまで、巨大な織りの作品群が、空中と壁面全体を上から下まで、龍のように縦横無尽に駆け巡る。織物の素材感をもって表現し尽くしたかのような構成で、極めてスケールが大きい。オランダの市庁舎にも同様の大胆で巨大な作品が設置されている。

彼女はその後、繊維を樹脂で固めて人体の群像をつくり並べた、一群の彫刻的な作品を制作していった。これらは現代タピストリーにおける記念碑的な作品となった。

その後素材をブロンズに変え、彫刻家へと変身したが、最近また繊維を樹脂で固めた動物の群像を並べた作品を発表している。

マグダレーナ・アバカノヴィッチ「Backs」 1976-82年 繊維を固めて作られた作品

マグダレーナ・アバカノヴィッチ「Negev」 1987年

ロエス・ファン・デル・ホルスト

東欧のヤゴダ・ブィッチやアバカノヴィッチなどの織り作家達の革新的なアプローチの影響のもとで、ヨーロッパに新しい織り造形の風が吹く。工業の発展のなかから次々と生まれてくる最先端の合成繊維に着目し、それを使って新たなタピストリーを創造したのが、オランダのロエス・ファン・デル・ホルスト（一九二〇年〜）だ。

彼女は、タピストリーが伝統的にもつ温かい自然素材のイメージの保守性に強く反発した。歴史のない合成繊維を使うことによって、イメージを変えることが大切だと考えた。彼女は、工業的に新しい素材がでるとそれを真っ先に使っていく。

さらに、チューブを使うなど、それまで使われなかった素材や造形の仕方を前面に打ちだした。タピストリーの長い歴史をもつヨーロッパで新たな創造をする際には、このような進取の精神が必要であったのだろう。

彼女を知る以前から、私は彼女の作品にどこか惹かれるものがあった。作品は、いつも知的な魅力をもっている。主張が明確というか、コンセプトが非常にクリアだ。私の作風や考え方とはぜんぜん違う方向からではあるけれども、やはり経糸と緯糸とが交わってできるという織物の基本的な成り立ちに興味を持っていることに、共感していた。

そんなおり、私は文化庁の芸術家在外研修員としてヨーロッパに滞在することになり、ロエスの家に居候することになった。一緒に過ごした一年間、まるで家族のように寝食をともにした。

オランダの芸術家の暮らしぶりは質実剛健だったが、それぞれが毎日好きな仕事に勤勉に取り組み、お互い切磋琢磨するので、充実していた。生活を充分に楽しんで、ゆったりとした豊かな精神状態で過ごす。

オランダの冬は湖が凍ってスケートを皆が楽しむ

製織中のロエス・ファン・デル・ホルスト　1977年

私は彼らの生活のなかに入り込み、西洋の生活の根元を見つめるような毎日だった。夕べは連日コンサートや演劇、あるいはパーティーなどで、一人部屋にこもるということはまったく許されなかった。彼らもまた「あなたを通して毎日旅行しているようだ」と言っていた。我々はお互いの文化の違いを根底から学ぶことに努めた。

感じたのは、ヨーロッパの芸術の伝統と、日本の芸術の伝統との違いである。西洋の前衛的な芸術家にとっては破壊すべき伝統のように見えるものが、私にとっては逆に新鮮に見えたり、私にとって何気ないことが、西洋の流れでは革新的であったりする。両方の伝統が複雑に交錯し、ずれあいながら影響しあっている。

彼女は教養や知性に最高の価値を求めるので、美術に関しても考えたことの跡が表されていることを好む。何をしている時でも好奇心や探究心が強く、その勉強家ぶりには感心した。お喋り好き

ロエス・ファン・デル・ホルスト「郵便局のための」 1986年

で社交を大切にするが、静かな面持ちで上品だ。年を感じさせず、いつも溌剌としている。

私が感じたのは、彼女はオランダという国と文化を非常に愛しているということだった。ロエスの父親は著名な彫刻家で、母親は手織りに手を染めていたと聞いた。一方、ご主人のハントは劇作家で、彼の父親は作曲家かつバッハを得意とする指揮者でもあった。良家の長女と長男の二人は生粋の芸術一家出身の芸術家夫妻だ。

近年、時を経て彼女を再訪した。彼女は少しも変わらず仕事を大切にしつつ、仕事に負けないくらいオランダの生活を大切にしていた。作品の素材は、いつしか繊維を用いずに金属などによる彫刻へと完全に変わっていた。金（ゴールド）を使った彫刻作品を、建築の外に伸び伸びと創作している。

ロエス・ファン・デル・ホルスト「ハーグ市の図書館のための」 1998年　写真：C.Crommelin

ロエス・ファン・デル・ホルスト「ハーグ市の庁舎のための」
1993年　写真：V.Nieuwenhuis

ハーマン・ショルテン

デ・スティール運動のテーマを現在に引き継いでいることを自認するのは、アムステルダム生まれのハーマン・ショルテン（一九三二年〜）だ。ショルテンの作品は男性的力強さを持ち、きわめてオランダ的でもある。垂直と水平の線を強調し、織物の組織を生かした作風で知られる。「格子」や「アップ・アンド・ダウン」あるいは「結び目」などという作品名にも表れているように、織物のもつ性格をクローズアップして、それを観念的に表現したところに功績がある。

観念的なのは、織物のもつ性格を強調することによって、織物自身の自然な形態に逆らうまでに至っている点だ。本当は構造的に無理があるにも拘わらず、それが自然に見えてしまうところが面白い。

以前、彼を訪ねた時、彼はリートフェルデ・アカデミーのテキスタイル科の教授だった。郊外の彼のアトリエも、デ・スティールの創始者、リートフェルデが設計した建物である。

彼は大きな壁掛けのコミッションワークを竪機で織っている最中だった。

アトリエに於けるハーマン・ショルテンと彼の作品「格子」 1977年

彼の妻のデズィレーも、ショルテンを華奢にしたような作風の織り作家である。彼女は日本の帯締めのコレクションを大切そうに見せてくれた。

ショルテンはまず、実物大の色のついた紙の模型をつくることから始める。「布は何よりも構造である」と彼は言う。「スケッチはいっぱいあるが、織るのは大変な仕事で、私は自分一人で織っていくのだから、実際には少ししかできない」と彼はつぶやいた。

私はこの言葉に共感した。この仕事をしている限り、織物の組織自体がアイディアを与えてくれるので、アイディアがどんどん浮かんでくることが多いと実感する。が、織物の組織自体の不自由さと、制作に時間がかかることとがあいまって、手がアイディアに追いつかないというジレンマがある。しかしこの難しさが、この仕事のやりがいでもある。

彼は粘り強く創作を推し進める。勤勉さと粘り強さはオランダ人の美風だ。

ハーマン・ショルテン「LANGE DRIEHOEK」 1995年 ティルバーグ・テキスタイル美術館所蔵

ハーマン・ショルテン「BRABANTS BONT」 1989年 ゲメンテハウス所蔵 写真：Tom Haartsen

モイク・シーレの作品

モイク・シーレ

西洋の芸術家は、作品を自分の支配のもとにしっかりとコントロールしようとする人が多いように思われる。特にタピストリーは、下絵を織るという伝統があったので、この傾向が強い。

しかし、見るからに計算され、設計し尽くされたかのように見える作品が、実際には下絵もなしにつくられているのだということを知った時、私は驚いた。一九三八年スイス生まれのモイク・シーレの作品だ。

彼女はまずディテールからつくり始める。そのディテールがどんどん拡大されていき、作品全体が形づくられていく。あたかも何かに憑かれたように、激烈に創作に没頭している彼女の姿が目に浮かぶ。残念ながら、生前の彼女には会うことができなかったが。

同右

彼女は下絵を使わずに、指先が彼女のイメージに沿って、まるでハープの演奏のように自然に動きだすように制作していたと伝え聞いた。経糸が軽やかに操られていて、木製の竪機が、すっかり彼女の体の一部になりきってしまっている様子が窺える。

私はシーレの作品が非常に好きだった。彼女の作品のもつ密度は、計算だけによるのではない。純粋な感覚のなかに、計算以上の緻密さがあるのだ。極めて整然と緻密につくられているように見えるのに、自らの感性のままに自由に創作している。

おそらく、糸で織ることが彼女の言葉であり伝達手段であったのではないだろうか。できてくる彼女の作品は、スイスらしい透明感というか、清潔感というか、他の人には表せない、彼女にしかできない美しさがある。

大胆でいて不自由。矛盾しているものがひとつに結晶していて、私は惹きつけられる。

ピーター・コリングウッド

「私は個人的、社会的または政治的な主張をしようと意識したことはない。私は好きだから織っているのだ。私のただ一つの目標は、自分自身の目を、そしてできることなら他の人々の目をも、楽しませるものをつくることだ。そして美しい作品を、少しでも今日の殺伐とした世界のなかに増やしていくことだ」。

こう述べるピーター・コリングウッドは、現代の織り作家のなかでもっともウィリアム・モリスの考えを受け継いでいると言えよう。

一九二二年ロンドンに生まれた彼は、若き日は医師だった。医師として働いていた時に、病院のリハビリテーション・センターで見かけた機能回復訓練のための機織り機に魅せられたという。

救急車にも小型の織り機を積み込んで、現場に駆けつける間も寸暇を惜しんで織っていたらしい。そして三十歳頃までに、彼は白衣を脱ぎ捨て、織り作家として再出発することを決意したのだった。

彼は他の現代タピストリー作家とは一線を画する活動を続けてきた。彼は織ることだけでなく、機自体までも自分でつくって、新しい織り技術を開発し続けている。例えばマクロ・コーゼと呼ばれる、織り幅を簡単に変えることができたり、縦横斜めと経糸を自在に変化させることができたりする機の構造を開発した。このようなオリジナルな技術を使って、彼独自の現代タピストリーを編みだしている。

私は一九七八年、ロンドンから一時間ぐらい電車に乗り、駅からまた彼の車に三十分以上揺られて、彼の工房を初めて訪れた。彼の工房は芸術家とい

ピーター・コリンウッドのアトリエにて
1978年

ピーター・コリンウッドのアトリエにて　2001年

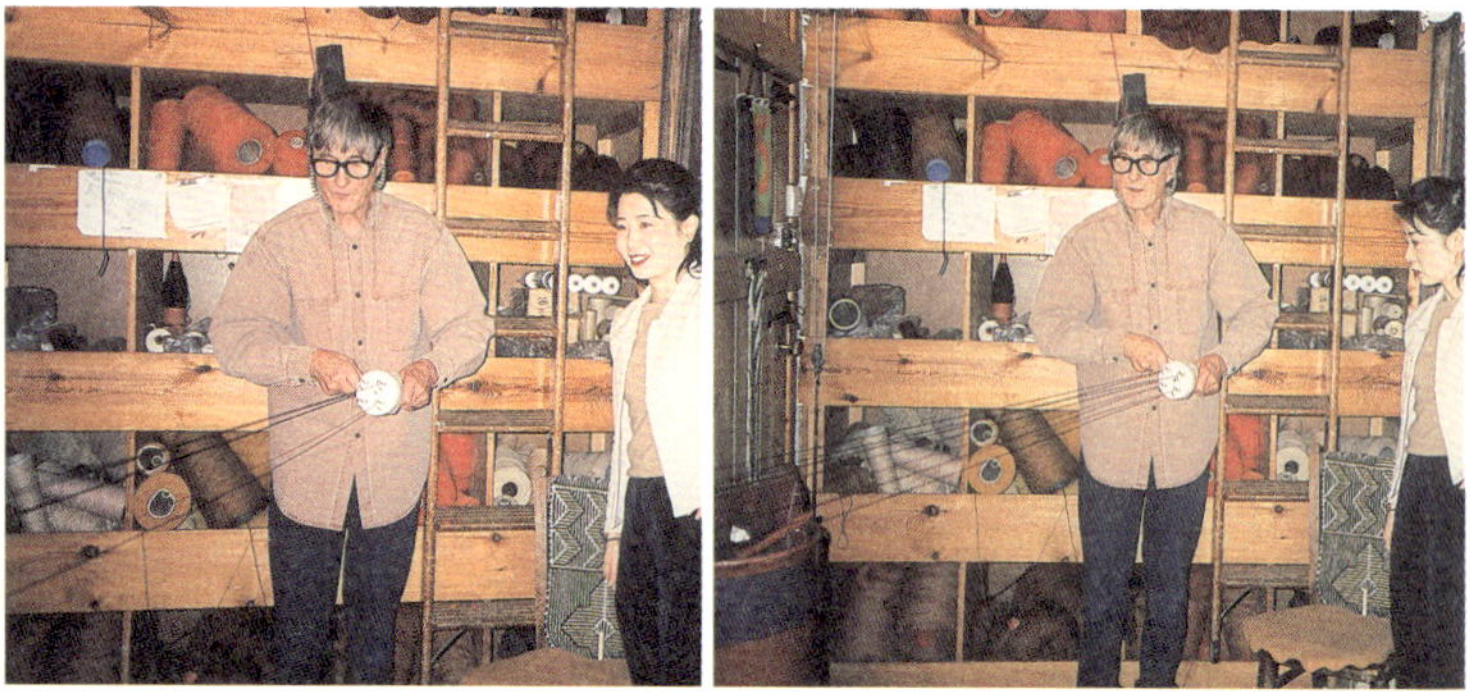

うよりは、整然と資料が並ぶ研究室のようでもあり、工具がたくさん並ぶ大工さんの仕事場のようでもある。イギリスの美しい田舎の彼の工房で、彼はゆっくりと制作を楽しんでいる様子だった。

最近再訪したが、彼は全然変わらずに同じ生活のリズムを保ち続け、しかも毎日少しずつ研究を深め制作を推し進めているのを見て、非常に不思議な気持ちにおそわれた。昔ながらのかまどでつくる彼の手づくりのパンの味も、以前よりも一層美味しく、最高の味だった。

絵画のような回転のはやい美術と比較して、タピストリーはゆっくりとした忍耐の芸術だ。制作活動をしていると時が止まったように感じるけれども、自分を含め時間はどんどん流れているはずであり、私は時々そのギャップを感じ悩むことがある。でも彼のゆったりした生活を見ると、これでいいのだという安心感をもつ。

日本でも最近の彼の作品を見ることができる。一九九七年には群馬県・桐生市市民文化会館のために、新素材ステンレス・スティール糸による金属織維を用いた巨大なタピストリーを制作した。

ピーター・コリングウッド「Steelweave I Macrogauze 3D」　桐生市市民文化会館所蔵

3

現代タピストリーの展開

シーラ・ヒックス

バウハウスのアニー・アルバースは、戦争中にアメリカへ亡命し、エール大学で教鞭をとった。その教え子のなかから、次代を担うタピストリー作家が生まれた。一九三四年アメリカ中西部へイスティング生まれのシーラ・ヒックスはそのなかの一人だ。

ヒックスには何事にもたじろがないような強靱な意志と人を動かす行動力がある。アメリカの広大な大地のようにスケールが大きい作家だ。彼女は若い頃メキシコに滞在し、アメリカ原住民の織物文化を学んで吸収しようとした。一九六四年には居をメキシコからパリに移し、そこを中心に世界を駆け巡って活動をしている。いつも多くの人々を集め、協力を得て、精力的に仕事をこなし続けている。

ヒックスの作品について、二十世紀フランスの思想家レヴィ＝ストロースは「われわれは機能的で実用本位な建築のなかで暮らすことを余儀なくされているが、そんな建築に対する装飾あるいは対抗として、この作品ほどよいものはない」と賞賛した。濃密で辛抱強い人間の手仕事によって、彼女の作品は建築に生命をあたえている。

エルメス・パリ本店のショーウィンドーを飾るシーラ・ヒックスの作品

日本でも彼女の作品はよく目にする。一九九八年完成の静岡県・富士市文化会館ロビーには、幅が百メートル以上に及ぶタピストリーを設置し、ギネスブックにも記載されたという。一九九七年完成の群馬県・桐生市市民文化会館シルクホールの緞帳制作にあたっても、桐生が織物の伝統のある場所であるところから、桐生の特質を生かした新しい緞帳づくりに挑戦した。

パリの街を歩いていた時、偶然にショーウィンドーのなかにヒックスの作品を見つけた。相変わらず、いかにも彼女らしい作品で、懐かしい感じさえした。

マーゴット・ロルフ

マーゴット・ロルフのアトリエにて

前衛美術特有の、仰々しかったり観念的過ぎたりする作品が多いなかで、織りの組織と色による美しいタピストリーの個展を見た。一九七七年、現代織物の活動が世界で最も盛んな時代に、糸の組み合わせの美しさだけで見せる感覚的で美しい作品は、むしろ珍しかった。一九四〇年オランダ生まれのマーゴット・ロルフの作品はそんなだった。

美しさだけといっても、彼女が初期の頃から、感覚的な作風という印象に反して、理知的で計算された方法で制作するのを私は知っている。彼女は次から次へと新しい手法に取り組み、意欲的に創作し続けている。近年アトリエを訪問した時も、昔から使っていた木製の機に、新たにコンピューターを接続したのを見せてくれた。

マーゴット・ロルフ「四色から」 1976年

最近の代表作は「ウィンド(風)・シリーズ」であろう。毛糸と綿糸の織りに、下着などで使うような極細の合成ゴム（エラストマー）を織り込み、織り上がったあとに縮ませてひずみを与えた作品だ。

彼女はこう述べる。「建築家が堅固な素材を使って建物を建てるように、私はやわらかい素材を使って私の織りを建てる。私の織りの構造は、私の建築だ。水平と垂直の糸のバランスは、構成と素材を変えることにより影響を受ける。弱く、薄く、細い糸が、空間のなかに導き入れることによって、いかに強力になることか」。

「あなたの目指すところは、私の目指すところととても似ている」と彼女は私に言った。素朴な織りと色の組み合わせで空間を彩るという点で、確かにそうかもしれない。でもやはり、彼女の作風はとてもオランダ的だ。

マーゴット・ロルフ「Noodenwind」 1988年

リア・ヴァン・エイク

オランダの街は、ここ二十年で、ストリート・アートでいっぱいになった。街のなかのアートは、市民が常に目にするので、いろいろな観点から考えてつくることを強いられる。例えば、建物だけでなく周りの環境の特徴をふまえたうえで、構想をねらなければならない。恒久性のあるものと変えていくものとの区別も、はっきりさせなければならない。

ヨーロッパの都市では、芸術家の仕事は社会の公共的な環境づくりと有機的な関わりを伝統的に持ってきた。政府にも、社会全体にも、環境づくりを推奨し推進する姿勢が板についている感じがする。皆が環境づくりに高い関心をもっており、街の隅々まで美しくしていこうという意識が一般市民にも根づいている。

普通に路地を歩くだけでも、心地よさを強く感じる。芸術家も、環境に関わる色々な人達と頻繁にミーティングを行い、しょっちゅう話し合いをしている。私が驚いたのは、美術大学の学生達が、現実の公共空間の改造や、新しいスペースのためのプランを中心に、盛んに制作し実習していることだった。学生のものでも、優秀なプランは買い上げられ実際に採用される点にも感心した。

　公共的な場のための仕事をする作家のなかで、最も印象が強かったのは、リア・ヴァン・エイクである。さっぱりとした気質の女性だが、作品も幾何学的で独自の清涼感をもっている。構成主義的だが、すかっとあっさりしたところが、オランダの新しい雰囲気を代表している。

リア・ヴァン・エイクのアトリエにて

リア・ヴァン・エイク「三部作」 1977-78年

リア・ヴァン・エイク「Bulb Fields. 1978」

ムステルダム王立宮殿のカーペット　3184×1775cm

意欲溢れた膨大な作品をつくり続けている彼女の近年の大きな仕事は、アムステルダムの王立宮殿のためにつくった巨大なカーペットである。十七世紀以来の大理石の宮殿という極めて保守的な空間に、星を散りばめた宇宙をイメージしたようなカーペットをつくった。オランダで今までに織られたなかで最大のものであるという。

アムステルダム王立宮殿

朝倉美津子「オスチナート ostinato」 1974年　135×120cm　大英博物館所蔵

「折り畳む」

モダン・タピストリー作家は日本にもいる。もともと川島織物などの織工房が、立派な緞帳などの傍ら、壁掛けをも制作していたが、一九六二年の第一回国際タピストリー・ビエンナーレに、川島織物のデザイナー、村田博三氏の作品が、日本からは唯一入選した。これをきっかけに、当時の京都の染織界にも、モダン・タピストリーの運動が盛り上がることになった。

以後、国際的な織り造形の流行に刺激されて様々な可能性の追求が繰り広げられてきた。一九七七年に川島織物が発行した『ファイバーアーティスト　日本』には、その当時までに活動してきた織り作家が三十七人取り上げられていて、当時の盛況が記されている。この書物は日本のタピストリー作家を最初に網羅したものだ。

詳しい事情は同書を参照していただきたい。その後のことや、私の同世代のことについては、歴史として客観的に述べることはまだ難しいので、今後の課題としたい。

日本のモダン・タピストリー作家の一人として、僭越ながら、ここでは私

の作品「ＯＲＩＴＡＴＡＭＵ」シリーズを紹介することで、代えさせていただくことにしよう。

朝倉美津子「変化と連続体」 1993年 98×510cm 滋賀県立近代美術館所蔵

私が創作に携わるようになった頃には、まだ日本の大学にも染織科がほとんどなかった。母校の染織科でも、私は第一期生だ。そして数少ない技法書によって勉強したものだったが、そこには必ずといっていいほど、タピストリーを折り畳んではいけないと書かれていた。

「タピストリーを織り上げたら、巻いて片付ける。決して折り畳んではいけない」というのが、織物の世界の常識だ。タピストリーについて書かれた書物には、申し合わせたようにこの注意書きがあったのである。

私はこの忠告に注目した。なぜ折り畳んではいけないのか。「折り畳んではいけない」というのは、単に文化的な慣習ではないか。私にはこのことが非常に面白く感じられた。

早速私は、織り上げた作品を折り返してみた。すると予期しないことが起こった。織り地は突然もう一つの面を現し、今まで見せていた面と偶然のぶつかり合いを見せたのである。さまざまな織りのかたちが、織りと織りとの意外な出会いによってつくりだされる。

これが私の「ＯＲＩＴＡＭＵ」シリーズの原点となった。日本語では同じ読みの「織り」と「折り」。私にはこのことがとても意義深く思われる。

朝倉美津子「経過音」（部分） 165×178cm

朝倉美津子「ORITATAMU」 2000年 170×1040cm ファイザー株式会社中央研究所所蔵

建築とともに

一九六〇年代ヨーロッパの革新的なタピストリー作家達はこぞって、自身の手で織ることにこだわった。下絵と織工という伝統的な役割分担そのものを解体し、図柄の構成や作品の発想、素材の選択と織って仕上げる作業までを一貫して、作家自身の手で行った。

素材も、従来の織りから逸脱するようなもの、縄や麻、馬の毛、ナイロンなどの化学合成繊維、ステンレス・スティールなどの金属線のほか、新素材を大胆に用いた。織り方も、一つの作品のなかでどんどんと変えていったり、織らずに素材のまま見せたり、あるいは今までに無かった織り方を編みだし、糸と糸との絡み合いの可能性を広げた。

しかし、一九六〇年代から七〇年代にかけて、タピストリーをつくっていた西洋の作家達の多くは、その後徐々にテキスタイル（織り）から離れていき、彫刻家や画家になった。

なぜそうなったかといえば、一つには、彼らは、建築とともにある伝統的なタピストリーではなく、それ自体で純粋芸術となる作品を求めていたことが挙げられる。その後の彼らの変遷は、彼らが必ずしもタピストリーにこだわっていなかったことを示している。

京都から西洋に来た私が目を見張ったのは、むしろ彼らにとっては破壊すべき「伝統」であるはずの、「建築と共にあるタピストリー」であった。タピストリーは実際の空間のなかにあって初めて完結する美術であり、他の芸術とは大きく異なる。

朝倉美津子「Succession」180×33cm

モダン・タピストリーの前衛的な展開は、ついには伝統的な織り文化から離れる方向へと進んだ。しかしタピストリーの魅力は、織り本来が持っている魅力と不可分だ。そして人類は織り文化から離れることはないだろう。

私自身は織りに惹かれていると同時に、織ることと糸を染めることとは一体だと考えている。織ることと糸を染めることとは本来はっきりとは分けられない。糸を染めることによって色が出るが、それを織ることによってさらに「織色《おりいろ》」が生まれる。だから色を追求することにおいて、織ることと染めることとは同じ作業なのだ。

「何のお仕事ですか?」と尋ねられる時、私は「染めて織ります」と答えることにしている。そして私は建築とともにあるタピストリーが、人類にとってますます重要になってきていると信じている。

朝倉美津子「Ostinato 1. 2. 3.」 1992年　東京三菱銀行所蔵

朝倉美津子「Horizontal Dreaming 二部作」 1994年 京都ホテルオークラ所蔵

朝倉美津子「舞」 1998年 東京赤坂・日枝神社所蔵

日枝神社社務所エントランスロビーを飾る「舞」

朝倉美津子「Rolling OK」 82×550cm

エピローグ

この本は、京都新聞に五十回にわたって連載させていただいた『糸の声を聴く』(二〇〇〇〜二〇〇一年)をもとにして、新たに書き下した。

以前、同じタイトルで『糸の声を聴く　朝倉美津子タピストリー作品集』(一九九四年　ふたば書房刊)を出版したが、連載記事の内容は私の作品についてではなく、タピストリーの歴史についての叙述だった。

これまでにもタピストリーの歴史に関する書物がないということをしばしば指摘され、本にすることを勧められることが多かったが、連載中は疑問点もまだ追究し切れなかったし、言い尽くせないところもたくさん残っていた。新たに気になることも出てきたので、今回は時間をかけて、自分なりにタピストリーに関する一つのパースペクティヴを作り上げることを試みた。

私は書いたり話したりと言葉で何かを伝えることに長けていない。整然とした文章を書くことは苦手だ。一目瞭然・以心伝心といったふうに、単刀直入に、感覚的にやろうとしてしまう。どちらかといえば私は言葉を回避し、ひたすら糸の心の襞をわかりたいと思い続けて、長い間一心不乱にタピストリーを制作してきた。どうも苦手なものは、克服する努力を怠ってしまう。

今回新たに勉強しなおして、私のような感覚的な作家にとっても、言葉で考えてみるということがいかに大事かということを、今更ながら痛感した。歴史を振り返ることで、何が一番大切であるかを明確にすることができる。

取りかかってみると、文章を書くのも、一つ一つの要素を構成して全体のメッセージを作り出してゆくという点で、糸を織り成す作業にそっくりであると実感した。無意識のうちに形成されていた心の底にある思いが、すこし解き明かせて表現することができたように思える。

なにしろ慣れない作業だから、時間がかかり、パソコン相手に悪戦苦闘した。やむをえず今回割愛した素晴らしい作品も多々あり、書きたいこともまだまだあるが、それは今後の課題にしたい。

制作のかたわら、私はできうるかぎりタピストリーの実物に接するようにしてきた。タピストリーに関する資料も、目にすればとにかく集めてきた。長年にわたって集めてきたので、私の手元には膨大な資料がたまっている。けれども、何しろ言葉だけでも、主要な文献がフランス語やドイツ語、またはイタリア語やオランダ語で書かれているので、それらを読みこなすなどということは大変な作業だ。今までタピストリーに関するまとまった本が日本ではなかったのも、うなずける。

制作活動に没頭してきた間に、いつしか息子の友海と娘の舞も、なんとか成長して、この本に関しては立派にアシスタントを務めた。私が視てきたものを彼らにも視てほしいという気持ちと、一緒に楽しめたらという思いで、巻き込んでしまったが、彼らも大いに力になってくれた。

当初の新聞連載は、京都新聞社の川端さんに説き伏せていただかなければ、書こうとも思わなかった。本にするにあたっても、海外の美術館や友人たち、京都新聞社、KBS京都をはじめ、作家仲間や先輩のかたがたに励まされ、多くの人々から応援していただいた。東方出版の今東社長とニューカラー写真印刷のスタッフの皆様にも大変お世話になり、かたちにすることが出来た。

たくさんの人たちに支えていただいて、長い年月をかけて、やっとここまで辿り着いた。皆様に深く感謝します。

二〇〇四年　五月

朝倉美津子

主な参考文献

第一部　タピストリーの歴史

Madeleine Jarry, *La Tapisserie des origins à nos jours*, Hachette (Paris) 1968
Mourice Pianzola, Julien Coffinet　川合昭三（訳）『タピスリー』　美術出版社、一九七五年
Phyllis Ackerman, *Tapestry The Mirror of Civilization*, AMS Press (New York) 1970
Donata Devoti, *L'Arte del Tessuto in Europa*, Bramante Editrice (Milano) 1974
Jacqueline Boccara, *Ames de Laine et de Soie*, Edition d'art Monelle Hayot 1988
Barty Phillips, *Tapestry*, Phaidon Press Limited (London) 1994
Guy Delmarcel, *Flemish Tapestry*, Thames and Hudson (London) 1999
Tapestry in the Renaissance, The Metropolitan Museum of Art (New York) 2002

A.F. Kendorick, *Catalogue of Tapestries*, Victoria and Albert Museum (London) 1924
Wandtapijten 2, Rijksmuseum (Amsterdam) 1971
Guy Delmarcel, *Tapisseries 1.*, Musées Royaux d'art et d'histoire (Bruxelles) 1977

M.Viale Ferrero, *Arazzi Italiani*, Electa Editrice (Milano) 1961
Antonio Santangelo, *Tessuti d'Arte Italiani*, Electa Editrice (Milano)
Rene Planchenault, *Apocalypse d'Angers*, Caisse Nationale des Monuments Historiques et des Sites 1966
George Wingfield Digby, *The Devonshire Hunting Tapestries*, Victoria & Albert Museum (London) 1971
Jack Franses, *Tapestries and their Mythology*, John Gifford (London) 1973
Jean-Paul Asselberghs, *The History of Jacob*, Brussels 1976

第二部　日本文化とタピストリー

『祇園祭山鉾懸装品調査報告書 渡来染織品の部』祇園祭山鉾連合会、一九九二年
『函谷鉾』財団法人函谷鉾保存会、一九九六年
植木行宣、中田昭『祇園祭』保育社、一九九六年
吉田孝次郎（監修）『京都祇園祭の染織美術』京都書院、一九九八年
『原色染織大辞典』淡交社、一九七七年
太田英蔵『太田英蔵染織史著作集　下巻』文化出版局、一九八六年
『長浜曳山祭総合調査報告書』滋賀県長浜市教育委員会、一九九六年
『町人文化の華—大津祭』大津市歴史博物館、一九九六年

第三部　現代のタピストリー

Das Bauhaus webt, G+H Verlag (Berlin) 1998
Denis Clavel, *JEAN LURÇAT les tapisseries du CHANT DU MONDE*, Gardet (Annecy) 1963
George Rickey, *Constructivism - origins and evolution*, George Braziller (New York) 1967
『ファイバーアーティスト　日本』ＴＣＳ別冊、川島文化福祉事業団出版部、一九七七年
ピエロ・ドラッツィオ展図録　高輪アート、一九八五年
Midred Constantin, Jack Lenor Larsen, *beyond craft: the art fabric*, Van Nostrand Reinhold (New York)
Sarah Baraddock, Marie O'Mahony, *Techno textiles*, Thames and Hudson (London) 1999
Ria van Eyk etc. *Old symbolism, new art*, Architecture&Natura 1998
朝倉美津子『糸の声を聴く　朝倉美津子タピストリー作品集』ふたば書房、一九九四年

取材協力一覧（五十音順）

アムステルダム国立美術館
アンジェ城内美術館
ヴィクトリア＆アルバート美術館
エルミタージュ美術館
株式会社　川島織物
祇園祭山鉾連合会
株式会社　京都新聞社
株式会社　京都放送（ＫＢＳ京都）
クリュニー美術館
滋賀県立近代美術館
染織と生活社
株式会社　龍村美術織物
ドイツ織物博物館
ドゥカーレ城美術館
トゥールネ大聖堂
パリ装飾美術館
日枝神社
ファイザー株式会社
プーシキン美術館
ブリュッセル王立歴史美術館
ボーヴェ織物美術館
ＭＩＨＯ ＭＵＳＥＵＭ
マニュファクチュール・デ・ゴブラン
リヨン織物美術館

ほかにも多くの方々にご協力をいただき、ありがとうございました。

朝倉美津子　略歴

一九五〇年　京都に生まれる。

一九七一年　まるをテーマとした一連の染織タピストリー作品発表を皮切りに作家活動を始める。

一九七七年　作品集『現代のタピストリー』（共著）ふたば書房刊

一九九四年　『糸の声を聴く　朝倉美津子タピストリー作品集』ふたば書房刊

建築空間のための作品を中心に制作。各国の美術館や機関などに作品収蔵。

タピストリーを視る
―その歴史と未来―

二〇〇四年五月二十六日　初版第一刷発行

著　者　朝倉美津子
発行者　今東成人
発行所　東方出版株式会社
〒五四三-〇〇五二　大阪市天王寺区大道一-八-一五
TEL　〇六-六七七九-九五七一　FAX　〇六-六七七九-九五七三
編　集　朝倉　舞
デザイン　朝倉美津子
　　　　　角田美佐子
印刷所　ニューカラー写真印刷株式会社
製本所　株式会社オービービー

ISBN4-88591-892-8　C0071